T0282250

EL ARTE

DE LA

PERSUASIÓN

Cómo ganar
sin intimidar

Bob Burg

Del autor del libro de gran éxito

Dar para Recibir

(The Go Giver)

Tremendous Life Books
118 West Allen Street
Mechanicsburg, PA 17055
www.tremendouslifebooks.com
y
Sound Wisdom
167 Walnut Bottom Road
Shippensburg, PA 17257
www.soundwisdom.com

Publicado previamente bajo el título *Winning Without Intimidation* (*Ganar sin intimidación*) por Executive Books, 1998.

Uso de los géneros: El autor tiene fuertes convicciones respecto al uso de igualdad de géneros en sus escritos. Los pronombres él y ella se han usado indistintamente.

Imprenta: ISBN: 978-1-64095-548-6
Ebook ISBN: 978-1-64095-549-3

Para distribución mundial. Impreso en los EE.UU.
I 2024

Dedicatoria

A mamá y papá, como siempre: Los amo más que a la vida misma, y atesoro el hecho de que Dios me eligiera para ser su hijo.

Papá: este es realmente tu libro. Eres mi héroe y mi mentor, y me has enseñado estos principios de la mejor manera posible: ¡los has vivido cada día! El trabajo que hago no es más que transmitir tu mensaje.

Reconocimientos

Esta es la sección más difícil de cada libro que escribo, porque nadie es más consciente que yo de lo poco que sé en realidad, y de que producir un libro es en gran medida un trabajo en equipo. Como siempre, haré mi mejor esfuerzo por mencionar a algunos de los principales colaboradores, consciente de que habrá muchas personas que no se mencionan y que deberían estarlo. A los que inadvertidamente no he mencionado, les ruego me perdonen y sepan que los llevo en el corazón.

Mi familia: siempre están ahí para mí con amor, apoyo y aliento.

Kathy Zader: eres mi socia de facto y la persona que hace funcionar mi empresa. No dejas de asombrarme con tu habilidad para hacer... pues todo. Y sobre todo, por cómo siempre me haces quedar bien. Eres realmente la Agente 99 de mi Maxwell Smart.

Ilene Vucovich: eres una auténtica colaboradora en equipo, con una capacidad de organización excepcional y, lo que es aún más importante, un sentido de lealtad insuperable.

A todos los miembros del equipo a tiempo completo y parcial de Burg Communications, Inc. gracias. El trabajo en equipo es lo que hace que nuestro equipo funcione.

John David Mann: formar equipo contigo para escribir los libros de Go-Giver (Dar para recibir) fue una de las mejores ideas que he tenido, si me permites decirlo. Gracias por añadir tu toque editorial a este libro.

Amigos especiales, mentores y héroes que me han enseñado tanto y han marcado una gran diferencia en mi vida: son demasiados como para empezar a mencionarlos uno por uno. Ya saben quiénes son. Solo espero que sepan cuánto les aprecio.

Mis clientes: sin ustedes no tendría público ni el placer de participar en una carrera tan maravillosa, gratificante y divertida como esta.

Las leyendas de la persuasión positiva, como Dale Carnegie, Les Giblin, Abraham Lincoln y tantos otros: por lo que a mí respecta, sois nuestros tesoros nacionales.

Y, por último, a ti, querido lector, por tu participación, tus comentarios y tu intervención. Para mí, este libro es solo una idea; ustedes son lo que completan el proceso.

Contenido

Introducción

¿Qué pasaría si pudieras conseguir lo que quieres... cuando lo quieres... y de quién lo quieres, incluyendo de las personas difíciles con las que te encuentras con demasiada frecuencia?

¿Te interesaría?

¿Te emocionaría?

A casi todos les encantaría contar con esa habilidad, ¿verdad?

Al estudiar a los hombres y mujeres más exitosos en la historia——Benjamín Franklin, Harriet Beecher Stowe, Abraham Lincoln, la Madre Teresa, Mohandas Gandhi— nos damos cuenta de que comparten muchas características en común. Cada uno de estos ganadores tenía un deseo ardiente, junto con gran creatividad, y una creencia total e inconmovible en su misión o causa. Una característica que se destaca por encima de las demás era su capacidad de convencer a la gente de su manera de pensar mediante *el arte de la persuasión positiva*.

Según el *Diccionario Webster*, ganar significa tener éxito o prevalecer en una competencia o esfuerzo; triunfar; salir victorioso. Persuadir es hacer que alguien haga algo, especialmente mediante el razonamiento, la insistencia o la inducción. La persuasión significa prevalecer. Cuando persuadimos eficazmente, el resultado es que los demás toman acción. Cuando persuadimos positivamente, el resultado es que los demás toman acción positiva. Persuadir no significa manipular.

En su libro *The Art of Talking so that People Will Listen* (*El arte de hablar para que la gente escuche*), el Dr. Paul W. Swets escribe: «La manipulación tiene como objetivo el control, no la cooperación. Resulta en una situación de ganar o perder. No considera el bien de la otra parte... A diferencia del manipulador, el persuasor busca mejorar la autoestima de la otra parte. El resultado es que las personas responden mejor porque se les trata como individuos responsables y autodirigidos».

A lo largo de las páginas de este libro encontrarás habilidades, técnicas y actitudes de persuasión positiva que, a medida que las aprendas, interiorices y apliques, harán que tu vida sea mucho más fácil, mucho menos estresante y mucho más divertida.

(Por cierto, aunque he estado utilizando la expresión «persuasión positiva», la verdad es que, como ha señalado el Dr. Swets, la persuasión, por su propia naturaleza, es positiva. Así que, a partir de ahora, utilizaré simplemente el término persuasión, dando por sentado que estamos hablando de algo que es a la vez positivo y benévolo.)

¿Te estoy diciendo que ganar mediante la persuasión es simplemente una habilidad? ¿Que cualquiera puede aprender a ser un comunicador ganador?

Sí, así es.

Lo sé, suena un poco exagerado. En realidad, no lo es. Las habilidades de persuasión no son algo con lo que la mayoría de nosotros nacemos. Así como andar en bicicleta, conducir un automóvil o pescar con mosca, es una habilidad que se puede aprender. Y no solo es una habilidad que se puede aprender, sino que se puede dominar.

Dominar el arte de la persuasión. ¡Eso sí que es emocionante!

He escuchado decir que el éxito en la mayoría de las áreas de la vida se basa en un 10% en las habilidades técnicas y en un 90% en las habilidades interpersonales. Por mi experiencia, esas cifras son absolutamente ciertas. En *El arte de la persuasión*, aprenderás esas habilidades interpersonales necesarias para asegurarte de que tengas todas las ventajas necesarias para poner ese 90 por ciento a trabajar para ti y también para los demás; día tras día en todas las áreas de tu vida y de tu trabajo.

Ojalá pudiera darme el mérito de haber inventado estas habilidades. Pero no puedo. He tenido la gran suerte no solo de leer y estudiar a los grandes maestros de la persuasión ganadora, sino también de crecer con muchos de ellos y aprender con su ejemplo. Simplemente he tomado lo que he aprendido y aplicado y lo he puesto todo en un recurso sencillo y fácil de usar. Cualquiera puede aprender estas habilidades y aplicarlas y beneficiarse de ellas el resto de su vida.

Aquí tienes una clave importante para saber que lo estás haciendo correctamente. Si, en el proceso de persuadir a una persona para que se ponga de tu parte en un asunto, esta se siente tan bien al respecto como tú, entonces no la has intimidado, forzado ni manipulado. Verás, los auténticos ganadores son las personas que consiguen lo que quieren de los demás de tal manera que resulta un beneficio auténtico y duradero para todos los involucrados, ya sean mejores asientos en el teatro o en el partido de béisbol, más cooperación en el trabajo y en casa, la realización del sueño de toda tu vida o una variedad de otras ventajas. Yo llamo a esto *ganar sin intimidación*. Sí, puedes obtener satisfacción y ser amado mientras lo haces. Eso es poder; eso es influencia.

No hay ninguna razón en absoluto para vivir o trabajar como una persona a quien constantemente hostigan, menosprecian emocionalmente, de la que se aprovechan o a la que obligan a conformarse con menos. Y, desde luego, tampoco hay ninguna razón para recurrir a la intimidación o a la manipulación para conseguir lo que realmente quieres.

¿Cómo sería tu vida si los beneficios prometidos en el subtítulo de este libro fueran realmente alcanzables, y si de verdad pudieras dominarlos? Lo son, y tú puedes.

Estoy seguro de que has oído la frase «ganar/ganar». Hagamos eso para obtener resultados mayores de lo que jamás se haya creído posible. Creamos un mundo en el que todos ganan mediante el arte de la persuasión.

El mayor de los éxitos,
Bob Burg

CAPÍTULO

1

Gana sin intimidar

Desde el primer momento, temprano por la mañana, cuando primero entramos a las autopistas principales y calles laterales del «mundo real» ahí fuera, hasta el momento en que volvemos a casa por la noche, a menudo nos enfrentamos a personas que parecen estar especialmente entrenadas y altamente motivadas para irritarnos, agraviarnos y enfurecernos con sus actitudes poco serviciales, francamente groseras y ruines.

A veces es la persona que está a nuestro lado en el tren con su periódico extendido sobre dos tercios de nuestro espacio, o el mesero de la cafetería o del mostrador de alimentos que apenas puede esperar que nos vayamos. El tipo malhumorado que está atendiendo el puesto de la, ejem, atención al cliente. El cliente potencial preocupado al que llamas y que apenas te dedica tiempo. Tu jefe... tus empleados... el que casi te atropella que te ayuda a tirar tu café en camino al trabajo... la lista es interminable.

Por favor, no me malinterpretes. No es que todas las personas vivas sean desagradables o un ejemplo de malos modales. Pero hace poco leí que ¡el 61% del público estadounidense piensa que sus conciudadanos son descorteses! Si tienen razón, eso significa que si no estás siendo maltratado ya por el tipo o la tipa a tu izquierda, en cuanto voltees hacia el tipo o la tipa a tu derecha, probablemente experimentarás dicho maltrato.

No estoy convencido de creer esa estadística. En mi experiencia, la mayoría de la gente es realmente amable y nos tratará bien, si se le da la más mínima oportunidad. Si no son abiertamente benevolentes, al menos benignas. Pero no son los que dificultan nuestra búsqueda de la felicidad. Está «la mayoría de la gente»... y luego están esas personas cuya misión en la vida (al menos en el momento en que te las encuentras por casualidad) parece ser hacerte la vida difícil.

Así que ¿qué haces?

Solo hay dos opciones. Una opción es ponerte a su nivel, y agacharte allí mismo, en el sumidero de las «habilidades» más abrasivas y desagradables de la gente. Puedes pelear con ellos, discutir con ellos, sacarles ventaja. Mostrarles con quién están tratando, mostrarles que no pueden mangonearte. Por supuesto, si haces eso, puede que no consigas lo que quieres. E incluso si lo consigues, probablemente acabarás sintiéndote peor contigo mismo y, de paso, te crearás un enemigo para toda la vida, lo que hará que cualquier encuentro con esa persona en el futuro sea aún más difícil, doloroso y problemático.

Y luego está la otra opción: puedes ganar.

Cuando uso la palabra «ganar», no me refiero a la clase de victoria que funciona a base de hacer perder a la otra persona. Lejos de eso. De hecho, todo lo contrario. Con «*ganar*» *me refiero a conseguir lo que quieres de esa persona y hacer que se sienta realmente bien contigo y con la situación en cuestión.* ¡Y qué gran sensación de logro es ésa!

Mi padre siempre nos enseñaba las palabras del sabio talmúdico Simeón ben Zoma: «¿Quién es una persona poderosa?».

¿Y la respuesta?

«Aquél que puede controlar sus emociones y hacer de un enemigo un amigo».

Eso es justo lo que vamos a aprender a hacer en este libro. Aumentará tu efectividad con tus seres queridos, desconocidos, socios y cualquier otra persona con la que entres en contacto en todo tipo de situaciones.

Las habilidades y métodos que te mostraré no funcionan solo para mí. Estas ideas son totalmente transferibles a quien sea, y también fácilmente reproducibles por toda persona. Escucho continuamente historias de éxito de personas que han aprendido a aplicar estos métodos. Algunos los han adquirido o aprendido recientemente en uno de mis seminarios, mientras que otros ya llevan mucho tiempo practicándolos.

Y estos métodos funcionan de verdad. Ésa es una de las razones por las que te sugiero que leas y repases el libro varias veces, hasta que empieces a interiorizar la información para que se convierta en parte de tu ser, en una parte genuina de lo que eres. Podrías simplemente releer y aprenderte la información, y si lo haces, verás efectivamente una mejora. Pero una vez que pase a formar parte de ti —de tu corazón, de tu esencia— sin que tengas que pensar en ello, verás cómo tu eficacia interpersonal aumenta enormemente.

La clave del éxito total en este empeño es interiorizar lo que lees a lo largo de este libro. Una vez que lo hagas, te garantizo que te sorprenderán los resultados. Obtendrás todos los beneficios prometidos en el título, y muchos más, incluyendo sorpresas como recibir más dinero de la gente y más satisfacción de las situaciones de la que antes creías posible.

Hay varios libros más a los que notarás que hago referencia y que recomiendo. Cómpralos, si quieres, e interioriza también su información. Y lo mejor que puedes hacer para dominar este material es compartir estos métodos con los demás. Una de las formas más eficaces de aprender e interiorizar la información es enseñarla.

Uno de mis libros favoritos es *Cómo tener seguridad y poder en las relaciones con la gente*, de Les Giblin. Giblin dice que lo que cuenta es una manera de llevarte bien con la gente, o de relacionarte con la gente, que te aporte satisfacción personal y al mismo tiempo no pisotee los egos de aquellos con los que te relacionas. Me encanta su definición de las relaciones humanas: la ciencia de tratar con las personas de forma que tanto tu ego como las de ellos permanezcan intactos. ¿No es maravilloso?

Giblin también dice que influir en la gente es un arte, no una artimaña, y tiene toda la razón. Claro, de vez en cuando un artimaña, por poco sincera que sea, funcionará.

Sin embargo, al depender de artimañas superficiales, estás reduciendo las probabilidades de éxito constante a largo plazo. ¿Realmente quieres interiorizar una artimaña y convertirla en parte de lo que eres? Lo que escribo en este libro no son artimañas; son los principios del arte de la persuasión. Probablemente te sorprenderá descubrir que parte de lo que observamos aquí te resultará familiar, porque ya lo has oído o leído antes, posiblemente muchas veces. Pero daremos un paso más. Voy a mostrarte cómo pueden aplicarse estos principios como parte de un sistema para que funcionen de forma coherente y sin esfuerzo a lo largo de toda tu vida y tu trabajo.

Empecemos al mirar un par de principios básicos que te ayudarán a comprender a las personas, por qué se comportan como lo hacen y cómo eso puede llevarte a aumentar tu propia efectividad en esa área.

Cómo tomamos decisiones

En primer lugar, he aquí uno de los principios más básicos de la naturaleza humana que, si lo puedes tener en mente continuamente, te ayudará inconmensurablemente en tu búsqueda hacia el dominio del *Arte de la persuasión*.

Si estás involucrado ahora, o lo has estado alguna vez, en cualquier tipo de venta profesional, ya conoces el siguiente principio. Fue uno de los primeros principios que aprendiste en el curso de Capacitación en Ventas 101. Este principio es universal: es válido para mí, para ti y para prácticamente todas las demás personas de este planeta, aunque a menudo seamos los primeros en negarlo, incluso mientras lo estamos haciendo.

Muy bien, basta de suspenso; he aquí el principio:

Los seres humanos actuamos impulsados por la emoción, no por la lógica.

De nuevo, si has recibido algún tipo de capacitación en ventas, ya lo sabes y te han dado todo tipo de ejemplos del mundo real para demostrar que es cierto. Lo entiendes y lo crees. Eso es importante, porque a partir de ahora quiero que lo tengas siempre en mente:

Los seres humanos actuamos impulsados por la emoción, no por la lógica.

Creo que todos estamos involucrados en las ventas, tanto si lo hacemos profesionalmente como si no. Al fin y al cabo, vendemos ideas todo el tiempo, ¿verdad? Las personas venden a sus cónyuges para que hagan lo que ellos quieren que hagan. Los padres venden a sus hijos para que sean respetuosos, se acuesten a la hora indicada y se abstengan de consumir drogas. Los hijos venden a los padres para que les compren ese juguete o les permitan salir después de las once. Los profesores venden a los alumnos el aprendizaje, y los alumnos venden a los profesores los pretextos de por qué no han entregado la tarea. Sí, está claro: todos vendemos.

Aun así, si no estás involucrado directamente en la venta de un producto o servicio, puede que te resulte difícil aceptar la idea de que todos compramos cosas basándonos en nuestras emociones, y no en nuestra lógica. Al fin y al cabo, te consideras una persona muy lógica, ¿verdad? Y probablemente lo seas. Me gustaría pensar lo mismo de mí mismo.

Sin embargo, independientemente de lo lógicos que seamos, hay algo que tú y yo compartimos: ambos compramos en base a las emociones.

Se trata de un concepto extremadamente importante. Es la base de todo lo que compartiré contigo en este libro. La razón por la que insisto en este punto es que te resultaría muy difícil aprender (por no hablar de dominar) los métodos de estas páginas sin haber adoptado primero este concepto.

Así es cómo funciona. Tomamos decisiones basándonos en varias clases de emociones, pero todas se reducen a estos dos impulsos principales:

a) El deseo de placer.

b) Evitar el dolor.

Decidimos lo que vamos a hacer (comprar o no comprar un producto, servicio, concepto, idea) basándonos en esos dos factores. Luego respaldamos nuestra decisión emocional con una razón lógica. Es lo que se conoce como racionalización.

El empresario de gran éxito Dexter Yager dice: «Si desglosamos la palabra racionalizar, se convierte en *mentiras racionales*». Eso es lo que a veces nos decimos a nosotros mismos, ¿verdad?

Permíteme darte un ejemplo excelente de una decisión de compra emocional respaldada por la «lógica» de las *mentiras racionales*:

Hace muchos años, en mis «días de ensalada» (llamados así principalmente porque era lo único que mis finanzas me permitían comer), me enfrentaba a un dilema casi todos los días a eso de las cinco de la tarde. *Me moría de hambre.* El desafío era que no tenía mucho dinero, de manera que siempre comía lo que costaba menos. Como era de esperar, nunca me sentía satisfecho después de comer.

Un día, en mi camino a casa después del trabajo, pasé por enfrente de delante de un restaurante-parrilla especializada en filetes. La sola idea de aquel filete suculento y jugoso, aquella papa asada sumida en mantequilla y crema agria, el pan blandito, caliente y recién horneado.... Esto fue hace años, antes de que todos nos preocupáramos tanto como ahora por la ingestión de alimentos grasos. Pero, ¿sabes qué? Tenía tanta hambre que, de todos modos, ¡no habría importado!

Me detuve frente a esa parrilla, pero no para entrar a comer. Yo sabía que no contaba con suficiente dinero para hacerlo y que, si lo hacía, apenas me quedaría dinero hasta el siguiente día de paga, y faltaba mucho para eso. Pero... al menos podía mirar el lugar desde fuera, ¿no? Podría pararme allí y olerlo sin que me costara... ¿correcto?

Mentira racional número uno.

Luego pensé: oye, ¿por qué no entras y le echas un vistazo al menú? Ya sabes, solo para ver lo que tienen. Después de todo, algún día podré costear este tipo de comida y, vaya, necesito poder visualizar lo que voy a comer, ¿correcto? Y eso me dará más incentivos para esforzarme aún más... ¿verdad?

Mentira racional número dos.

Una vez dentro del local, pensé —y esto era *un tanto cierto*—¿sabes qué? Si comiera una comida tan abundante como esta, me daría fuerzas para trabajar aún más al día siguiente, ¿no? Todas esas proteínas de la carne me vendrían bien. Al fin y al cabo, no quería quedarme demasiado flaco. Y la papa: de hecho, simplemente la piel tenía vitaminas que todos necesitamos....

Mentira racional número tres.

Todos esos pensamientos eran racionales, ¿acaso no? Claro que lo eran. Y todos eran mentiras. Se sumaban a la lógica que usé para respaldar mi decisión emocional, que era sentarme y devorar aquel filete (por cierto, era el filete más sabroso que jamás había comido).

¿Has hecho alguna vez algo así? Seguro que sí. Todos lo hacemos, todo el tiempo. No necesariamente hasta ese punto. (¡Al menos espero que no!) Pero piensa en cada decisión o elección importante que hayas hecho alguna vez: comprar tu casa o automóvil... casarte... dejar un trabajo seguro... usar tus ahorros o hipotecar tu casa para montar tu propio negocio, donde el riesgo era mayor y las horas más largas.

¿Algo de eso se basaba en la lógica —de verdad— o era pura emoción?

Durante los próximos días, observa cada decisión importante que tomas. Sospecho que descubrirás que todas, cada una de ellas, se basan en la emoción. Es más, cada una de ellas tendrá algo que ver con tu deseo de placer, con evitar el dolor, o con ambas cosas. Es lo que hacemos: respaldamos nuestras decisiones emocionales retroalimentándolas con nuestra lógica de lo que «tiene sentido».

El papel que desempeña nuestro ego

Veamos un poco más de cerca esas dos grandes emociones, porque este tema tiene todo que ver con el arte de la persuasión. Son las que hacen funcionar a las personas.

¿Qué tipo de placer perseguimos los seres humanos? Bueno, todos conocemos los placeres físicos, como el placer sexual o el placer de comer algo que te hace la boca agua, como tu sabor favorito de helado. Y sin duda también conocemos los placeres emocionales, como disfrutar del tiempo con la familia y los amigos, o la diversión de comprar un juguete nuevo y emocionante. La lista de posibles placeres que podemos esperar y experimentar es interminable. Pero de momento, enfoquémonos en uno en particular: el placer del poder cuando tratamos con otro, que forma parte del ego.

Eso es, el ego que ellos tienen. (Oh, no, no nosotros... *ellos*.)

¿Has tenido alguna vez una experiencia con gente negativa y difícil? Quizá la persona del Registro de Vehículos de Motor, el cajero del banco, el posible cliente que está escuchando tu presentación de ventas, el funcionario incívico, tu jefe, un compañero de trabajo, el oficial de policía, cualquiera y todos los demás. Esto es lo que todos ellos tienen en común: si ejercen su poder sobre ti, es porque de alguna manera ello proporciona placer a su ego.

¿Y qué de evitar el dolor? Y no me refiero solo al dolor físico. De hecho, el dolor físico es el menos importante para tener en cuenta, por lo que respecta a este libro, ya que no pretendemos golpear a nadie para conseguir lo que queremos. (Quiero que ganes a través de la persuasión, no de la intimidación.)

¿Qué clase de dolor querría evitar una persona? ¿Qué del dolor asociado con ser despedido del trabajo? ¿El sentimiento de dolor que acompaña al cambio, o a tomar el riesgo de la iniciativa, especialmente cuando eso no es normalmente un requisito del trabajo de esa persona? ¿Qué hay del dolor que conlleva la vergüenza? ¿O el dolor de quedar mal?

En todas estas situaciones e innumerables más como ellas, entra en juego el ego. El ego es tan importante para todos nosotros. No quieres quedar mal ante otros, ni sentirte mal contigo mismo, ¿verdad? Nadie lo quiere. Las personas responden o reaccionan emocionalmente ante nosotros por dos motivos: para obtener un determinado tipo de placer o para evitar un determinado tipo de dolor.

Y la mayor parte de esa respuesta o reacción se centra en el ego.

Hablando de esas dos palabras, responder y reaccionar, en realidad hay una gran diferencia entre ambas, y dentro de unos momentos veremos cuál es esa diferencia y cómo puedes usarla para persuadir eficaz y fácilmente en beneficio de todos.

¿Recuerdas la historia que conté antes acerca de mí mismo y aquella cena de filete? Estaba ejerciendo ambas emociones, ¿verdad? La búsqueda del placer —en realidad, deseaba esa comida casi *desesperadamente*— y la evitación del dolor: tenía tanta hambre que me dolía el estómago. No es de extrañar que acabara sucumbiendo y pagando esa cena demasiado cara para mis posibilidades. Me dije que *cualquier otro* habría hecho exactamente lo mismo. ¡Y todo eran *mentiras racionales*!

Y aquí va una reflexión: ¿Y si hubiera tomado la decisión de ir a ese restaurante caro (que claramente no podía costear) para llevar allí a una chica con el plan de impresionarla? ¿Habría involucrado también a mi ego? Claro que sí.

El papel que desempeñamos en las relaciones personales

Establezcamos otro fundamento relativo a un principio humano básico, *la causa de la acción.*

Aprendí acerca de esto por primera vez a través del libro, *Yo estoy bien, tú estás bien,* del Dr. Thomas Harris. El Dr.

Harris señala que cada uno de nosotros asumimos uno de tres rasgos o características de la personalidad durante cada conversación o interacción. A estas alturas, muchos ya conocen este concepto, pero me gustaría describir aquí lo que escribió y lo que significa para mí con mis propias palabras. (Para una comprensión más profunda de este tema, te sugiero que compres su libro *Análisis Transaccional*. Otro libro excelente sobre este tema es *Juegos que juega la gente*, del Dr. Eric Berne, ampliamente considerado el padre del análisis transaccional).

Cada uno de nosotros es capaz de mostrar tres estados de personalidad distintos: el *padre*, el *adulto* y el *niño*. Son estados que se asumen, por así decirlo, dependiendo de lo que sintamos en un momento específico. A continuación expongo mi interpretación de estos tres estados y cómo se relacionan con el arte de la persuasión positiva.

El *niño* que todos llevamos dentro se percibe como la víctima. Como niño nos sentimos como un bebé, menospreciados, culpados, castigados, controlados. Como resultado, nos enojamos y buscamos vengarnos. El niño quiere vengarse de la persona que asume el papel de padre.

El *padre* que todos llevamos dentro suele ser víctima de su propia crianza, sus prejuicios y su entorno. Las personas que desempeñan el papel de padre tienen buenas intenciones, solo que no reconocen su propia comunicación negativa. No se dan cuenta de que están menospreciando a otra persona. No se dan cuenta de que están haciendo que otros se sientan mal.

El *adulto* que todos llevamos dentro (que es el ideal) es el negociador positivo, el comunicador, el oyente respetuoso, honesto y activo, el que en la situación es digno de confianza, al que es fácil amar y respetar.

Dentro de toda relación o transacción entre dos personas, suele haber combinaciones de estos tres estados. Otra persona te critica, te condena o te habla con desprecio; es el padre y tú eres el niño. En esa situación, tienes que saber que no es algo que debes interpretar como algo personal (por difícil que sea), sino que primero tienes que elevarte al nivel de adulto para empezar siquiera a posicionarte en la situación de ganar/ganar.

Al mismo tiempo, tienes que cuidarte y asegurarte de que no pareces el padre, hablando con desprecio a la otra persona y posicionándola como el niño. Pueden reaccionar negativamente hacia ti por temor al (la evitación de) dolor ya sea heridas, vergüenza, pérdida de prestigio o cualquier otra variante del dolor.

Lo ideal es que cada transacción con otra persona sea de adulto a adulto. ¿Fácil? No. ¿Posible? Absolutamente, con conciencia, práctica y trabajo.

Es muy importante mantener en mente el factor humano: no puedes esperar que otros actúen como tú solo porque sabes lo que haces y estás en el estado mental para hacerlo. No te sientas menospreciado si otros no responden «correctamente». A través del material que cubrimos en este libro, aprenderás cómo conseguirlo. Toma tiempo y esfuerzo, pero puedes hacerlo. Por favor, no te frustres. De acuerdo, puedes frustrarte, ¡pero sigue con ello de todos modos! Los óptimos resultados merecen la pena.

La mejor forma de superar la frustración es convertirla en un juego. A medida que vayas dominando el arte de la persuasión para conseguir lo que quieres, cuando lo quieres y de quién lo quieres, te asombrará lo bien que te lo pasarás con ello.

¡Ya me siento emocionado por ti!

Responder versus reaccionar

Una idea que debemos tratar ahora es esa diferencia de la que hablábamos antes entre responder y reaccionar. La primera vez que supe de esto fue gracias a Zig Ziglar, autor y conferenciante de fama internacional. Esta sabiduría de Zig me ha llegado al corazón. Por sí sola, probablemente me ha evitado más problemas de los que puedo recordar.

Así que, según Zig: responder es positivo; reaccionar es negativo.

Permíteme parafrasear un ejemplo que Zig usó y que ilustra perfectamente este punto: Cuando vas al médico después de tomar algún medicamento que te ha hecho efecto, el médico puede decir: «Ah, has respondido bien al medicamento». En cambio, si llegas respirando con dificultad, con la cara llena de granos y urticaria, el médico probablemente te dirá algo así como: «Parece que el medicamento te ha causado una mala reacción».

Has *respondido* bien... has tenido una *reacción*. Vívida diferencia, ¿verdad?

Es lo mismo en cualquier relación, transacción con otro ser humano o situación de la vida. Si *respondes a ella*, lo has pensado y has actuado de forma madura y positiva. Si *reaccionas*, has permitido que tome el control y se apodere lo mejor de ti.

A lo largo de este libro, me enfocaré en responder a las situaciones y desafíos con las personas, de manera que puedas mantener el control sobre ti mismo y sobre la situación. De ese modo, estarás en posición de ayudarte a ti mismo y a otros a llegar a una conclusión mutuamente beneficiosa.

El tacto: El lenguaje de la fuerza

Aquí necesito mencionar otro concepto clave que estará en el corazón mismo de todo lo que exploremos en este libro: el tacto.

Mi padre define el tacto como «el lenguaje de la fuerza». (En el libro *It's Not About You*, [*No se trata de ti*], del que soy coautor con John David Mann, hay un capítulo entero titulado «El lenguaje de la fuerza», y en sus páginas aparece la sabiduría de mi padre sobre el tema del tacto.)

El tacto es simplemente la capacidad de decir algo o exponer un punto de vista de tal modo que la otra persona no se sienta ofendida y, de hecho, acepte tu sugerencia. Eso sí que es fuerza. Otra palabra para tacto es *diplomacia*. Los diplomáticos de la vida real son responsables de emplear el tacto de forma que sus países no entren en guerra entre sí. Puede que nosotros no tengamos esa responsabilidad, pero todos tenemos amplias oportunidades de servir como diplomáticos también en nuestras vidas.

Si pudiéramos escuchar una grabación de lo que decimos en las conversaciones cotidianas, nos asombraría nuestra falta de tacto y sensibilidad en la forma de relacionarnos con otros. Hay mucho de cierto en el dicho: «Se atrapan más moscas con miel que con vinagre».

Pongámonos de acuerdo, tú y yo, en que analizaremos la forma en que hablamos con otros durante solo veintiún días. Y después de ese tiempo, veintiuno más. En ese momento, se habrá convertido en un hábito, sobre todo cuando te des cuenta del efecto radicalmente positivo que tiene en tu vida y sobre ella. Si crees que no sabes cómo hacerlo, no hay problema. Este libro te proveerá de la redacción, la actitud y la fraseología correctas.

Un repaso rápido:

* Los seres humanos toman acción en base a la emoción (el deseo de placer, evitar el dolor) y respaldan esa emoción con la lógica. Racionalizamos, diciéndonos mentiras *racionales*.

* El ego es el sentido del yo de cada persona. Debemos honrarlo en todo el proceso de ganar *sin intimidación*.

* Las personas adoptan uno de estos tres estados emocionales durante cada conversación o interacción: el padre, el adulto o el niño.

* Podemos elegir entre responder o reaccionar. Responder es positivo y contribuirá a tu éxito. Reaccionar es negativo y tendrá el efecto contrario.

* Un factor principal en el *arte de la persuasión* ¡es el tacto!

2

Aprende el arte de la persuasión

A lo largo de este libro, veremos ideas de largo y corto alcance para convertirte en un maestro de la persuasión.

Si consigues establecer ciertos sentimientos acerca de ti en otras personas, lo que yo llamo sentimientos de «te conozco, me simpatizas y confío en ti», eso hará que tus futuras batallas o desafíos ya estén medio ganados. Este es un aspecto muy importante de este libro, ya que hay un determinado elenco de personajes en tu vida, tanto principales como secundarios, con los que debes poder tratar de forma positiva una y otra vez.

Trabajaremos sobre eso.

Luego están esas oportunidades de corto alcance, que se te presentan una sola vez, en las que tienes que enfrentar una situación desafiante con una persona a la que quizá nunca vuelvas a ver, pero de quien necesitas algo, y lo necesitas ya. También trabajaremos en eso y, para mí, es muy divertido. Empecemos con algunas de esas ideas de largo alcance.

Ser considerados

Es una idea sencilla. No se necesitan habilidades realmente increíbles, así que vamos a considerarla un buen ejercicio de calentamiento. Si empleas la idea de ser considerado de forma regular y religiosa, todos los días y en todas las circunstancias posibles, te dará una ventaja para lograr todo lo que estás leyendo en este libro.

Leí una historia interesante en el libro *The Best of Bits & Pieces*, compilado por Arthur Lenehan, que destacaba varios actos de ser considerado. El punto principal que se ilustraba era que «ser considerado es un hábito, una forma de vida que merece la pena cultivar y practicar».

Ser considerado no nace necesariamente de forma natural. La consideración necesita ser trabajada, cultivada y practicada lo suficiente como para que interiorices esos pensamientos de consideración en tu propio ser. Y eso tiene sentido, porque, admitámoslo, a menudo es más fácil no ser considerado. Como solía decir el fallecido maestro Jim Rohn: «Fácil de hacer... fácil de no hacer». De ti depende iniciar y cultivar a corto plazo este hábito que te reportará enormes dividendos a largo plazo.

Sí: *enormes* dividendos en términos de convertirte en el persuasor que deseas ser. Y entre tú y yo, también es una forma mejor y más satisfactoria de vivir la vida.

Una parte de esa historia de *Bits & Pieces* señalaba que las personas consideradas no esperan a que se les presente la oportunidad de serlo, sino que crean imaginativamente numerosas oportunidades para hacer la vida más brillante, fácil y agradable a quienes les rodean.

¿Cómo lo hacemos?

Una cosa que a mí me funciona es tomarme tiempo para abrirle la puerta a alguien, sea hombre o mujer, no importa. Te lo agradecerán. No lleva mucho tiempo, pero marca una gran diferencia, tanto para esa persona como para nosotros, ya que lo convertimos en un hábito que nos convierte gradualmente en personas más consideradas.

Cuando un bebé que está cerca de ti en un restaurante hace un poco más de ruido de lo que es cómodo, y ves que el padre o la madre está un poco avergonzado, sonríe y comenta lo lindo que es el bebé. Puede que pienses: «¡Tonterías! Ese padre debería sacar a ese niño de allí». Puede que sí, pero ¿quieres tener razón o hacer la venta? En este caso, la «venta» es el fortalecimiento de un hábito nuevo y muy productivo.

Otra parte de la historia decía: «La persona considerada se apresura a dar un cumplido bien merecido, o a enviar una pronta nota de felicitación a alguien que ha recibido un ascenso, un honor o algún reconocimiento especial».

Las personas consideradas se estacionan un poco más lejos de la entrada de la tienda o de la oficina de correos, dejando el espacio más cercano para alguien que no se desplaza con tanta facilidad como ellas. Quizá te preguntes: «¿Por qué debo hacer eso? Nadie sabrá por qué me estaciono un poco más lejos, así que no obtendré ningún beneficio».

Permíteme ofrecerte dos razones. En primer lugar, simplemente es lo correcto, y te hará sentirte mejor contigo mismo y se reflejará en tu actitud hacia los demás. Y en segundo lugar, la consideración es un hábito y, como tal, puede cultivarse y dominarse. Tu elección de dónde estacionarte es una manera más de cultivarla y dominarla.

Otro acto de consideración consiste en reconocer debidamente la autoría de una idea y, en ese sentido, permíteme señalar que el autor que contribuyó a esa historia en particular en *The Best of Bits & Pieces* fue William A. Ward.

Sr. Ward, la contribución que usted hizo fue ayudarme a darme cuenta de que ser considerado es solo un hábito: uno que puede servir a todos en el dominio del arte de la persuasión, ¡por lo que le doy las gracias!

Sentir los sentimientos de otra persona

Hagamos otro ejercicio de calentamiento. Esto te ayudará en tu nueva capacidad de responder a las situaciones y a las personas, en lugar de limitarte a reaccionar.

¿Recuerdas el dicho de los nativos americanos acerca de caminar una milla en los mocasines de otra persona? ¿Qué significa realmente y cómo puedes usar ese maravilloso consejo para mejorar tu dominio de la persuasión?

¿Qué si una persona dice o hace algo que te ofende o no encaja en tu modelo de cómo te gusta que se hagan las cosas? En lugar de reaccionar, ¿qué pasaría si respondieras preguntándote inmediatamente: «¿Qué podría estar ocurriendo en la vida de esa persona que le haya provocado un caso grave de halitosis de la personalidad?»? (O, como diría Zig Ziglar, un «endurecimiento de las actitudes»).

Imagina un día en la vida de esa persona infeliz, y tal vez puedas hacerte una mejor idea de lo que necesita de ti en este momento para que se sienta bien consigo misma y quiera ayudarte. Solo entonces podrá comenzar el proceso de persuasión.

Puede que esa persona proceda de un entorno negativo. Quizá en el hogar donde se crio no había comunicación, o quizá incluso la maltrataban. En la escuela, quizá fue rechazada por sus compañeros. Y, tenlo en cuenta, no estoy intentando disculparla ni darle una «salida» para que no acepte la responsabilidad de sus actos. Simplemente intento explorar cuáles podrían ser los detalles de su historia. Como persona de bajo rendimiento, con un pasado duro y una imagen terrible de sí misma, quizá luego no le fue mejor en su vida adulta. Hoy odia su trabajo y no se siente mucho mejor en cuanto a su marido. Y a su hijo lo acaban de meter en un centro de detención de menores por robar en una tienda.

¿Cómo te sientes ahora acerca de ella? ¿Puedes comprender un poco mejor su pésima actitud?

Puede que la situación con esa persona no sea tan mala... o puede que sea peor. Si simplemente puedes considerar otra posibilidad, podrás responder a esa persona y a sus acciones con compasión y comprensión en lugar de reaccionar con odio e ira.

A continuación, tienes una historia muy poderosa en esta misma línea:

En su perenne éxito de ventas, *Los 7 hábitos de la gente altamente efectiva*, Stephen R. Covey comparte una experiencia que tuvo un domingo por la mañana en el metro de Nueva York. Los domingos son el único día en que el metro está tranquilo en Nueva York, y aquella mañana no fue una excepción: las personas estaban sentadas tranquilamente, algunas leyendo sus periódicos, otras perdidas en sus pensamientos, otras tomándose una siesta mientras el tren llegaba a la estación.

De repente, la escena se vio interrumpida cuando dos niños bulliciosos irrumpieron en el vagón. Ruidosos y antipáticos, gritaban de un lado a otro, corrían por todas partes e incluso les arrebataban los periódicos a otras personas. Estaban totalmente fuera de control, pero el hombre que entró con ellos, presumiblemente su padre, se quedó allí sentado, mirando al suelo del vagón, ajeno a todo. ¡Hablando de desconsideración! Todo el mundo en aquel vagón estaba irritado por el comportamiento de los niños y la falta de responsabilidad del padre.

¿Puedes hacerte una idea de lo que sentían las personas que iban en el metro? ¿Cuál habría sido tu reacción?

Pues bien, el Dr. Covey —cuya paciencia había llegado a su fin— se volvió hacia el hombre y le dijo (con lo que imagino requirió mucho autocontrol): «Señor, sus hijos están molestando a muchas personas. Me pregunto si pudiera controlarlos un poco más».

El hombre levantó la vista y miró a su alrededor por primera vez y dijo suavemente a Covey: «Oh, tiene razón. Supongo que debo hacer algo al respecto». Luego explicó que acababan de venir del hospital donde, hacía solo una hora, había fallecido la madre de los niños. Dijo que no sabía qué pensar, y suponía que ellos tampoco.

En un instante, la reacción del Dr. Covey cambió a una *respuesta* totalmente diferente:

«¿Su esposa acaba de fallecer? Lo siento mucho», dijo, ahora con empatía y compasión. «¿Puedes hablarme de ello? ¿Qué puedo hacer para ayudarte?»

Con la práctica, ni siquiera necesitaremos que nos sorprenda la verdadera historia de la persona para que cambiemos nuestra actitud hacia ella. Si, con la práctica, nos esforzamos continuamente por ponernos en los zapatos de la otra persona, podremos replantear conscientemente la situación. Entonces nos acercaremos a esa persona de una manera completamente distinta, más positiva y más productiva.

Y habremos tomado una gran medida en el proceso de persuasión.

La gente hace las cosas por sus razones, no por las nuestras

En su impresionante libro, *Cómo ganar amigos e influir sobre las personas* (realmente imprescindible leerlo/estudiarlo), Dale Carnegie habla del hecho de que la gente hace las cosas por sus razones, no por las nuestras. Si van a hacer algo, es porque hay un beneficio en que lo hagan.

Oh, lo sé: la gente se levanta temprano cada mañana para ir a trabajar, aunque no quiera. Pero se levantan cada mañana para ir a trabajar porque quieren el beneficio de algo más que la gran satisfacción de quedarse en la cama: un sueldo al final de la semana.

¿Qué de las personas que hacen obras de caridad para otros? No obtienen ningún beneficio de ello, ¿verdad?

¡Claro que sí! El beneficio que obtienen es el buen sentimiento que les produce hacer el bien y tomar acción que se alinea con sus creencias y principios.

El Sr. Carnegie estaba en lo cierto: las personas hacen cosas por sus propias razones, incluso si esa razón es simplemente sentirse mejor acerca de sí mismas. Es mejor que el sentimiento que hubieran tenido si no hubieran hecho esa buena obra.

Si hay algo que necesitamos que alguien haga por nosotros y que no tiene por qué hacerlo, más vale que estemos preparados para ofrecerle un beneficio personal, de manera que se sienta mejor haciendo esa cosa específica para nosotros de lo que se sentiría no haciéndola.

La gente hará lo que creen que tú esperas que hagan

Por lo general, las personas se comportarán como creen que tú esperas que se comporten, y actuarán como creen que tú esperas que actúen. Eso puede funcionarte positiva o negativamente, dependiendo de tus expectativas.

Aquí tienes un gran ejemplo que quizá hayas oído antes. No solo es una historia real, sino que sospecho que se ha representado miles de veces a lo largo de los años para comprobar y refutar este punto.

Una maestra de escuela primaria iba a ausentarse unos días. Antes de irse, se reunió con la maestra suplente para informarle acerca de los niños y de lo que debía esperar de ellos. Le dijo que Johnny era el más inteligente; Joanne, la más servicial; Jimmy y Susie, los alborotadores de la clase (¡cuidado con ellos!); David nunca prestaba atención (¡más vale que esté atento!); y así sucesivamente.

Unos días después, cuando regresó y preguntó cómo había ido todo en su ausencia, la suplente le dijo que todo lo que había dicho resultó ser exactamente cierto. Johnny era el más inteligente, y Joanne la más servicial. Jimmy y Susie no daban más que problemas, y a David le costaba prestar atención.

Lo sorprendente de este informe es que la maestra se lo había inventado todo. Eligió a niños al azar y les dio personalidades completamente inventadas. No importó. La suplente no solo había transferido sus expectativas a las mentes y los corazones de los niños, sino que actuó con ellos de tal modo que obtuvo de cada uno de ellos exactamente los comportamientos que esperaba que mostraran.

Me hace recordar la vieja historia de las aldeas cuáqueras. En cada aldea había un anciano sentado en la puerta, cuyo trabajo consistía en saludar a los extraños cuando entraban en la aldea. Les daba una calurosa bienvenida y contestaba a todas sus preguntas. Cuando los visitantes preguntaban (como hacían invariablemente): «¿Cómo es la gente de aquí?», el anciano siempre les respondía: «Pues, ¿cómo era la gente de donde viniste?».

Si el extraño respondía que las personas de su lugar de origen eran reservadas, desconfiadas y más bien frías por naturaleza, el anciano asentiría y contestaría: «Aquí son iguales».

Si el extraño decía que las personas de su lugar de origen eran amistosas, abiertas y cordiales, el anciano asentía con la cabeza y respondía: «Aquí son iguales».

En su excelente libro *Cómo tener seguridad y poder en las relaciones con la gente*, otra lectura muy recomendable, Les Giblin cita muchos ejemplos de cómo esto funciona con la misma previsibilidad en el mundo real de aquí y ahora, y cita al gran estadista británico Sir Winston Churchill: «He descubierto que la mejor manera de conseguir que otro adquiera una virtud es imputársela».

Tanto para obtener resultados a largo plazo como inmediatos, cuando quieras provocar una respuesta en una persona que satisfaga tus necesidades, actúa hacia esa persona como si fuera exactamente así como esperas que responda. Y cuando te acerques a una persona para pedirle algo que necesitas, *hazlo creyendo que querrá dártelo*.

Por favor, entiende que no estoy diciendo que simplemente porque lo pienses, eso es lo que ocurrirá automáticamente. De ninguna manera. Pero esto es lo que ocurrirá: Cuando predetermines las acciones de alguien en tu propia mente, entonces tomarás la actitud correspondiente. En otras palabras, si esperas que sean amables y serviciales, proyectas gratitud. Y cuando esa persona es abordada por alguien que expresa gratitud hacia ella, ¿qué probabilidades crees que tiene de actuar con amabilidad y amabilidad? Exactamente. Si dudas de esto, suspende tu duda y hazlo con sinceridad varias veces. ¡Te garantizo que te quedarás asombrado!

Este es otro principio básico al que me referiré a lo largo de este libro, así que tenlo en mente: en un grado sorprendente, las personas actúan contigo como tú esperas que lo hagan. Resulta que es uno de los principios y métodos más poderosos de todos, y necesitamos practicar su aplicación hasta que se convierta en un hábito.

Amabilidad, paciencia y persistencia

Era a última hora de la mañana del día de una gran exposición. Yo iba a dar una conferencia al día siguiente y, junto con otras personas, había alquilado un stand para vender mi serie de cintas de audio y vídeo y mis libros.

Ah, los libros... y ahí estaba el desafío: no estaban allí

Acababa de enterarme de la situación cuando me registré en el hotel y recibí un mensaje que la mujer que dirigía nuestro stand me había dejado en la recepción. Yo estaba en Toronto, Ontario, y como mis libros se enviaban por transporte terrestre desde la división de Ontario de mi editorial, no debería haber habido ningún desafío. Pero lo hubo, y necesitaba solucionarlo de inmediato, ¡o el viaje sería un desastre carísimo!

Llamé al Centro de Convenciones Metropolitano de Toronto y hablé con la telefonista, quien, resultó, no tenía ni idea de cómo conectarme con la zona donde se encontraban los expositores. No solo no sabía la respuesta, sino que, al parecer, tampoco estaba interesada en esforzarse por encontrármela. ¿Qué hace uno en una situación así?

Respira profundamente y sé amable, paciente y persistente.

¿Por qué amable? Porque desarmará a la persona, y no solo es una forma correcta de actuar, sino también eficaz y provechosa.

Dick Biggs, en su libro *If Life Is a Balancing Act, Why Am I So Darn Clumsy?*, cita a B. C. Forbes: «La amabilidad es el sello distintivo del caballero y de la dama. Ninguna característica tan positiva te ayudará a avanzar —ya sea en los negocios o en la sociedad— como la amabilidad».

¿Por qué *paciente?* Porque todos nos damos cuenta de que muchas personas de «servicio» han adoptado la costumbre, al tratar con el público (muchos de los cuales, admitámoslo, pueden ser bastante descorteses, impacientes y groseros), de hacer lo menos posible y luego colgar el teléfono. La paciencia es útil cuando las cosas no se solucionan por sí solas inmediatamente después de tu primera petición.

¿Y luego? Entonces permite que tu *persistencia* tome el control.

Así que esta es la secuencia: Sé amable con esa persona e incluso dale las gracias. «Gracias. Agradezco su esfuerzo por investigarlo por mí. ¿Cómo podríamos averiguar dónde están y cuál es su extensión?». Con una sonrisa en la voz, puedes añadir: «Voy a tener un serio problema si no puedo localizar a la persona correcta».

Esta vez la operadora responde, no con más disposición, pero sí con más solicitud que frialdad en la voz: «No lo sé».

Sé paciente. Esta simplemente es la manera en que ella está acostumbrada a hacer las cosas.

Ahora dices: «De verdad agradezco su ayuda. Sé que está haciendo todo lo que puede. ¿Es posible que consulte su listado de extensiones y haga un par de intentos? No quiero molestarle, solo tengo que encontrar ese expositor».

En este punto, la persona va a tomar una decisión emocional basada en la evitación del dolor: el dolor de tener que seguir hablando con esta persona amable, paciente y persistente que, obviamente, no va a parar hasta que reciba la información que necesita.

Probablemente te estés preguntando qué ocurrió en Toronto.

Sí, al final la operadora de teléfonos localizó la extensión y conseguí que la mujer que estaba en el stand averiguara en el muelle de carga qué había pasado exactamente. Unas cuantas llamadas y varias horas después, llegaron mis libros y el día se había salvado.

Recuerda estas tres palabras clave, sobre todo con las personas a las que no se les suele pedir que se desvivan por ayudar. Tienes que ser amable, paciente y perseverante.

Motivar a los desmotivados

Cuatro días después, una vez finalizada la convención de Toronto, me enfrenté a otro dilema. Debido a un desafío logístico, tuve que trasladar personalmente todos los libros que no se habían vendido hasta el muelle de carga para que los despacharan desde allí.

Llevar los libros hasta allí no fue un desafío tan grande, pero una vez que los libros y yo estuvimos allí, quedó claro que el hombre que trabajaba en el muelle se veía a sí mismo en el papel del hombre trabajador que de ninguna manera iba a dejarse mangonear por un tipo vestido de traje.

Debí haberme puesto pantalones de mezclilla.

Cuando primera lo vi, no podía decir si era uno de los choferes o el tipo que dirigía la operación. Estaba sentado en una silla, leyendo un periódico y bebiendo café, y no parecía que estuviera trabajando demasiado. Eso debería haberme puesto sobre aviso. Sí, ¡era el jefe!

Aquí tienes un consejo importante que debes tener en mente: Si no lo sabes, da siempre a la persona a la que te diriges un título más prestigioso que el que pueda tener en realidad. Aunque te corrijan, te amarán por ello, y el proceso de persuasión comenzará con un tono muy positivo. Si crees que la persona con la que hablas es la secretaria, pregúntale si es la gerente de la oficina.

No solo te agradecerá que le atribuyas más mérito que le corresponde, sino que, si resulta que es la gerente de la oficina y le preguntas si es la secretaria, habrás empezado con un gran golpe en tu contra.

Si crees que la persona es un anfitrión, pregúntale si es el gerente. Si crees que es la vendedora, pregúntale si es la jefa de ventas. Así que aquí estaba yo, frente a este caballero de posición indeterminada, cuya ayuda necesitaba.

Lo que debí preguntarle fue: «Perdone, ¿es usted el director de operaciones?». ¿Pero lo hice? No. Antes de darme la oportunidad de pensarlo, oí salir de mis labios las siguientes palabras: «Buenos días, ¿es usted uno de los choferes?».

Uy. Ahora bien, no sé por qué lo hice así. Debe de haber sido un caso de locura temporal, porque nunca hago eso. Pero lo hice. Y, naturalmente, no le hizo ninguna gracia:

«Soy el supervisor», respondió indignado.

A partir de ahí, sin embargo, pude «salvar la venta», que en este caso consistió en que él aceptara hacer la llamada a la compañía de transportes correcta, me ayudara a etiquetar las cajas correctamente y luego aceptara hacerse responsable de las cajas hasta que las recogieran. La versión resumida de esta transacción es:

Inmediatamente le pedí disculpas y le dije: «¡Claro, debí saber que usted es el supervisor!». Entonces le tendí la mano y le dije: «Soy Bob Burg», y le pregunté su nombre. Me lo dijo, y entonces me referí a él como Señor Fulano de Tal durante el resto de nuestra conversación. La mayoría de las personas no están acostumbradas a que se dirijan a ellas con tanta amabilidad y responden muy positivamente cuando se les muestra tanto respeto. A la primera oportunidad, cuando se dirigió a mí como «Sr. Burg», le dije: «Por favor, llámeme Bob», cosa que hizo, pero seguí llamándole «Sr. Fulano de Tal». (No, no lo llamé «Sr. Fulano de Tal», sino que usé su verdadero apellido.)

Tratar a ese supervisor de la forma en que lo hice lo colocó en una posición de poder y respeto, algo que supongo que rara vez recibe de un tipo trajeado.

Luego le otorgué una posición de poder aún mayor diciéndole: «Comprendo que ayudarme no es su trabajo, y no le culparía si no puede hacerlo, pero me vendría muy bien su ayuda».

Me preguntó a regañadientes qué necesitaba, y yo fui tomando las cosas paso a paso. Cada cierto tiempo, cuando lo consideraba oportuno, le hacía preguntas acerca de él: cómo empezó en el negocio, si era de esta región, su familia, etc., solo algunas preguntas no invasivas, para llegar a conocerlo un poco. (Es importante que al hacer esto no parezca que le estás haciendo un interrogatorio de tercer grado a una persona: hay una línea muy fina entre ser amable y ser entrometido.)

Yo estaba empezando a caerle bien al Sr. Fulano de Tal.

«Realmente aprecio su ayuda», comenté. «Tengo que decirle que hoy día muchas personas no se tomarían la molestia de ayudar así». Sonrió con lo que parecía un nuevo orgullo de sí mismo y de su trabajo. Se acercó un poco más. En poco tiempo estaba sellando mis cajas, apilándolas y hablando personalmente con el operador de la empresa de transportes en mi nombre. Acabó haciendo mucho trabajo, todo lo cual le agradecí enormemente.

Me ayudó de verdad, y él también se sintió bien al respecto... y yo hice un nuevo amigo. También le di una propina, que se ganó con todo derecho. Al principio se negó a tomarla, pero insistí. Me dio las gracias por comprarle su almuerzo.

Yo gané... Y él ganó. *Eso* es el arte de la persuasión.

¿Cómo se habría desarrollado esa escena si, en lugar de hacerlo así, yo me hubiera dado mucha importancia, intentando forzarlo a ayudarme? ¿Si, digamos, hubiera amenazado con hablar con su jefe si no conseguía la ayuda que necesitaba?

Es difícil decirlo con seguridad. Quizá habría hecho el trabajo que yo necesitaba, quizá no. Si lo hubiera hecho, lo más probable es que hubiera tomado más tiempo y no se hubiera hecho tan bien. Quién sabe si esas cajas habrían llegado sanas y salvas a la editorial.

Te diré una cosa que *sí* sabemos con certeza: sea lo que hubiera hecho o dejado de hacer, a él no le habría parecido una ganancia, y yo no habría ganado un amigo.

El caso es que si alguna vez vuelvo a ese hotel, sé que se acordará de mí, y ya tendré un gran avance en el juego.

Dar las gracias por adelantado es la mejor póliza de seguros que puedes comprar

Es excelente dar las gracias a las personas después de que hagan algo bueno por ti.

Es aún más poderoso darles las gracias antes de que hagan algo por ti: «Te agradezco mucho que te hayas tomado la molestia de...». Es una excelente garantía de que sacarán tiempo para hacer lo que quieras que hagan. Esto puede ser apócrifo o no, pero he oído que la práctica de dar una «propina» al mesero de un restaurante se pagaba originalmente antes de que se sirviera la comida, y que la propia palabra *propina* en inglés era un acrónimo de Para Asegurar la Prontitud. Sea históricamente cierto o no, es un gran ejemplo del principio, y es una gran forma de describirlo: como una especie de seguro. (O extorsión, según cómo lo veas. Yo prefiero un seguro.)

Como ejemplo de un momento adecuado para dar las gracias a alguien antes de que empiece con el encargo, tarea o lo que sea, digamos que estás hablando con tu cliente potencial por teléfono.

«Sr. Smith, gracias por tomar un momento de su agenda para hablar conmigo». O digamos que acabas de hablar por teléfono con la gerente del hotel y estás a punto de informarle acerca de un desafío concreto que estás teniendo con tu habitación: «Srta. Jackson, le agradezco que me ayude con esta desafortunada situación». Quizá sea el mecánico que está a punto de trabajar en tu automóvil: «Sr. Davis, gracias de antemano por componerlo. Vaya, cómo dependo de usted para que este auto funcione bien».

Ten en cuenta que el Sr. Davis aún no ha trabajado en tu automóvil, la Srta. Jackson ni siquiera sabe aún cuál es el problema, y el Sr. Smith aún no ha accedido a tomar tiempo de su apretada agenda para hablar contigo. Les estás dando las gracias a todos ellos *antes* de tiempo, antes del hecho.

Esto me lleva a un punto crucial: Tu agradecimiento tiene que decirse con sinceridad y humildad, y no como una exigencia implícita, como a veces se enseña. Las mismas palabras pronunciadas con un sentido de derecho («espero que hagas esto por mí, porque, al fin y al cabo, es tu trabajo y me lo debes») resultarán manipuladoras o prepotentes.

Tómate un momento para reflexionar sobre lo que más agradeces acerca de esa persona, y déjate llevar por ello.

En una ocasión llamé a una columnista popular de nuestro periódico local para pedirle que prestara su nombre a un evento benéfico en el que yo estaba colaborando. Después de saludarla y decirle que era un placer hablar con ella, empezó su parte de la conversación diciendo: «Gracias, sé que usted va a ser breve».

No era precisamente el tipo de «Gracias» por adelantado del que estoy hablando aquí.

De hecho, inmediatamente me entraron ganas de ser sumamente breve y colgar en ese mismo momento. Pero una obra benéfica es una obra benéfica, y la causa que yo representaba era más importante que mis sentimientos personales (también conocido como *ego*). Le expliqué lo que necesitaba de ella y me rechazó.

¿Qué si, en lugar de la respuesta que dio, hubiera dicho: «Sr. Burg, siempre me complace hablar con la gente acerca de apoyar una causa que merezca la pena. Lamentablemente, ahora tengo un poco de prisa y no puedo hablar demasiado. ¿En qué puedo ayudarle?»

Yo habría ido directamente al grano, le habría expuesto de qué se trataba rápidamente y le habría permitido terminar la llamada rápidamente. Probablemente no se habría ofrecido a ayudar en ninguno de los dos casos. Pero así me habría sentido bien con ella y conmigo mismo. Sin embargo, la forma en que me habló no me hizo sentirme bien conmigo mismo ni con ella.

Y si por casualidad estás pensando: «¿Qué más le da si te cae bien o no? De todos modos, ella nunca te necesitará para nada».

Responderé a esa pregunta más adelante, en la sección titulada «Las siete palabras que regresarán para atormentarte».

Reconocer un trabajo bien hecho inspira una vida de esfuerzos repetidos

Muriel es una mujer dulce y de mayor edad que trabaja en el supermercado local en la sección de fiambres, donde preparan emparedados para los clientes a la hora de comer. Un día, le pedí a Muriel un emparedado de ternera asada, añadiendo: «extra magra, por favor». Lo hizo muy bien y, después de comer, me acerqué al mostrador y le di las gracias de verdad —en voz suficientemente alta para que oyeran los otros clientes y sus compañeros de trabajo— por el «buen trabajo especial que has hecho con mi emparedado». Se le iluminaron los ojos y se le dibujó una sonrisa en la cara.

Desde aquel día, Muriel siempre ha puesto un poco más de carne en mis emparedados, y siempre muy magra. El punto es el siguiente: reconoce el esfuerzo de alguien después de que haga algo por ti una vez, y normalmente se esforzará mucho por hacerlo extra, extra especial para ti a partir de entonces.

La razón es muy sencilla. En primer lugar, la mayoría de las personas no piensan lo suficiente como para reconocer un trabajo bien hecho, de manera que es casi seguro que tu cumplido será poco frecuente y muy apreciado. En segundo lugar, cada vez que Muriel se desvive por hacer un emparedado estupendo, está tomando una decisión emocional para lograr un placer: el placer de ser respetada y apreciada, lo que probablemente no sea algo común en su vida. Casi puedo garantizar que es cierto, porque Muriel es humana y, lamentablemente, el aprecio y el respeto no son algo habitual en la vida de la mayoría de las personas.

En un avión de regreso a casa después de dar una conferencia, pregunté a la azafata si podía sustituir algunos de los alimentos de mi comida por otros más sanos. Accedió y elaboró una buena comida para mí. Le agradecí tanto su esfuerzo que, durante el resto del vuelo, no dejó de preguntarme qué más podía hacer por mí.

¡Qué bonito ciclo de éxito! Haz que una persona se sienta bien por sus esfuerzos y querrá seguir demostrándote que estás en lo cierto. Se ha dicho: «El comportamiento que se recompensa, se repite». Recuerda, el aprecio que expreses tiene que ser genuino, o esa persona solo se sentirá manipulada en lugar de apreciada. Hay pocas cosas más gratificantes en la vida que hacer que otra persona se sienta bien consigo misma. Y el hecho de que esto también dé lugar a que obtengas los resultados que deseas, ¡lo hace aún más gratificante!

Cómo tratar con las personas desagradables por teléfono

Desde prospectos de ventas a burócratas del gobierno, con millones de millones de otros en medio, hay veces en que haces una llamada importante y necesaria y te encuentras con una persona que es desagradable y aparentemente vive su vida con el único propósito de hacerte la vida imposible, especialmente durante esta llamada en particular.

Digamos que nunca has tenido un encuentro con esta persona. No lo conoces y él no te conoce a ti. O simplemente no es una persona agradable, o está teniendo un día especialmente malo. Para ti es lo mismo, ¿no? Al fin y al cabo, ¿qué sabes de él? Se trata de una llamada telefónica entre dos desconocidos, y posiblemente la única que tendrás con esta persona jamás.

Veamos cómo tratar con esa persona y aplicar el arte de la persuasión.

Empieza por tomar la decisión consciente de *responder* a la situación, no de *reaccionar*. La mayoría de las personas en esta situación reaccionarían: discutirían con la persona, le devolverían el insulto, intentarían igualar palabra por palabra y actitud por actitud, como si intentaran ganarle en su propio juego.

Aunque eso pueda proveerte de un placer temporal, a la larga no te beneficiará. No solo es probable que no consigas lo que necesitas o quieres de esa persona, sino que te habrás ganado un enemigo que, de algún modo, podría regresar para atormentarte algún día. Y, admitámoslo: te habrás defraudado a ti mismo sabiendo que caíste a su nivel. Todos hemos pasado por eso.

Toma la decisión consciente de responder y no de reaccionar.

Luego, mientras esté hablando, quejándose, gritando, siendo poco servicial en general, o lo que sea, escúchalo sin interrumpirlo. Entonces, y solo entonces, puedes decirle muy sinceramente: «Lo siento, parece que he dicho o hecho algo que le ha molestado. ¿Lo hice?» Y luego guarda silencio.

Puede que tarde unos segundos, pero por lo general la otra persona responderá: «No, lo siento, es que estoy teniendo un mal día». Puedes entonces responder: «Vaya, yo también he tenido algunos de esos, siempre es un sentimiento terrible».

Entonces ya tendrás su atención y disposición. Sabe que lo comprendes, y la mayoría de las personas simplemente quieren que las escuchen y las comprendan.

La misma idea se aplica al tratar una llamada que recibes de alguien molesto, con un ligero giro. Supongamos que representas a un producto o servicio y una cliente te llama para quejarse con vehemencia. Esto funciona igual de bien en persona, pero imaginemos de momento que estás al teléfono con ella.

Te llama y empieza de inmediato a decir todo lo que está mal de ti, de tu empresa, de tu producto, de tu servicio. Y, si hay algo más de lo que pueda quejarse, probablemente también se queje de ello.

¿Qué debes hacer?

Elige responder, no reaccionar.

Ya sabes lo que tienes que hacer: escuchar en silencio, oyéndola primero por completo. Si es una situación en persona, asiente con la cabeza comprensivamente de vez en cuando. Cuando haya terminado, vuelve a transmitirle que la comprendes.

«Comprendo que se sienta muy afectada por esto y, francamente, me siento mal que le haya sucedido».

Si es apropiado, pide disculpas. Si no, no lo hagas. Ponte en el lugar de esa persona. ¿Cómo te sentirías si estuvieras en su situación?

Cuando le hables así sinceramente, la desarmarás, porque se ha preparado para la reacción que espera de la persona promedio, que le gritará de vuelta por estar a la defensiva. Tu respuesta serena y comprensiva será un shock, inesperadamente agradable. Nueve de cada diez veces, la persona se calmará en ese momento y podrán entablar una conversación basada en el estado mental de adulto a adulto. Si no se calma, vuelve a lo que aprendiste antes: sé amable, paciente y perseverante. Mientras te mantengas en el estado adulto, superarás el estado padre o niño de la otra persona y acabarás con un resultado positivo.

Un punto importante que ilustra este ejemplo es el poder de permitir que otros den su opinión y escucharlos completamente, sin interrumpir. Este es otro hábito que todos necesitamos desarrollar para todas las situaciones. Para mí siempre ha sido difícil, pero he mejorado mucho en este aspecto desde que empecé a hacer un esfuerzo consciente y constante para practicarlo. Verás, independientemente de lo que yo estoy tratando, por naturaleza me apasiono tanto que me muero de ganas de exponer mi punto de vista, aunque eso signifique interrumpir a alguien a mitad de la frase. Pero hacerlo es peor que inefectivo.

Tanto si estás discutiendo de política con un amigo, participando en un debate en un grupo social o haciendo una presentación de ventas a un posible cliente, tienes que permitir que quien esté hablando termine de exponer su punto.

De lo contrario, se sentirá frustrado y enojado, y no importa lo que plantees a partir de ese momento, no se lo tragará.

Interrumpir e imponer tu agenda es una forma de intimidación, aunque no sea tu intención. No solo es muy difícil persuadir a alguien mientras interrumpes, sino que además es muy probable que nunca tengas una segunda oportunidad de defender tu punto con esa persona.

No interrumpas. Simplemente no lo hagas.

C A P Í T U L O

3

Te conozco,
me simpatizas, confío en ti

En mi libro *Tu lista ilimitada de referidos*, hablo de lo que llamo «la regla de oro de crear una red». Es tan central para toda esta forma de pensar e interactuar con la gente que, en nuestro libro *Dar para recibir* John David Mann y yo volvimos a escribir sobre ella, y en nuestro libro de seguimiento, *Go-Givers Sell More*, volvimos a mencionarla. Dice así:

Siendo iguales todas las cosas, las personas harán negocios y recomendarán negocios a las personas que conocen, les simpatizan y en las que confían.

La tecnología moderna ha nivelado en gran medida los campos de competencia de precio y calidad. Aparte de otros factores, es el vendedor involucrado en la transacción el que determina a quién comprará el consumidor y a quién recomendará.

En el proceso de persuasión, la regla «te conozco, me simpatizas, confío en ti» es igualmente válida. La diferencia aquí es que, si te encuentras en una situación en la que nunca has conocido a la persona de la que necesitas algo, dispones de meros segundos para suscitar esos sentimientos. Si eres capaz de suscitar esos sentimientos particulares hacia ti por parte de la otra persona desde el primer momento, habrás recorrido más de la mitad del camino.

Si esa persona no tiene buenos sentimientos hacia ti, si no siente que te conoce, que le simpatizas y que confía en ti, casi cualquier cosa que pueda interponerse se interpondrá para impedir que obtengas de esa persona lo que deseas.

Los principios y métodos que tratamos en este libro están diseñados específicamente para establecer estos sentimientos positivos y productivos en la otra persona de forma rápida y eficaz.

Pide consejo

Dependiendo de la situación, pedir ayuda o consejo a una persona suele granjearle su simpatía y estará encantada de ayudarte. Para comprender esto, debemos darnos cuenta de que una persona tomará la decisión emocional de ayudarte, no por ti, sino porque satisface una necesidad suya. Esa necesidad es el deseo de placer.

¿Y qué es precisamente el placer que recibirá esa persona?

Tendrá la oportunidad de sentirse importante, de sentirse bien consigo mismo.

¿Por qué crees que las personas exitosas y ricas se convierten a menudo en mentores de jóvenes prometedores a los que apenas conocen, a los que no aman o con los que ni siquiera están emparentados? Principalmente, porque la emoción del dinero o los logros añadidos ya no son la fuerza que les impulsa.

Están acostumbrados a su propio éxito, pero convertirse en un héroe a los ojos de otra persona, compartir el éxito de otra persona y, simplemente, ser útil por el mero hecho de ayudar y añadir algo a la vida de otra persona, todo ello les hace sentir realmente bien.

Lo mismo ocurre con la persona a quien le pides ayuda o consejo. Le hace sentirse tan bien que probablemente querrá ayudarte, y seguirá haciéndolo. Por supuesto, también es importante que agradezcas sinceramente su ayuda y amabilidad, y que hagas todo lo que puedas para añadir valor a su vida.

La importancia del AOP: El apoyo de otras personas

En su obra clásica, *La magia de pensar en grande*, el Dr. David Schwartz señala una regla básica para el éxito: «El éxito depende del apoyo de otras personas. El único obstáculo entre tú y lo que quieres ser es el apoyo de otros».

Si simplemente sustituimos la frase «querer ser» por la frase «querer obtener», ahora puedes llamar a esto tu regla básica para el éxito a través del arte de la persuasión. Ahora dice: «El único obstáculo entre tú y lo que quieres obtener es el apoyo de otros».

En este contexto, «apoyo» significa tener a personas de tu lado, y esto es algo que se cultiva tanto inmediatamente como a lo largo del tiempo, a través de los principios y métodos que estamos exponiendo.

Coincidir con las palabras de la otra persona

Las personas rara vez discuten consigo mismas. Cuando puedes tomar una idea que ellos te han expresado y repetírsela, es casi seguro que estarán de acuerdo con lo que acabas de decir. Esto es muy poderoso. Si lo haces correctamente, ganarás su simpatía y estarán más dispuestos a darte lo que quieres.

Esto funciona independientemente de si estás repitiendo algo con las propias palabras de esa persona durante su conversación inicial, o repitiendo algo en su idioma de una conversación anterior.

Me viene a la mente un ejemplo que ocurrió durante el proceso de venta. Había estado hablando con un gerente sobre la posibilidad de hacer negocios con su empresa, y él hizo todo lo posible por proveerme de información para la investigación que yo tenía que hacer antes de hacer mi presentación para él y su supervisor. Esa cortesía era algo que hacía para todos los vendedores, y decía mucho de su persona que lo hiciera así.

Me tocó conocer a su supervisor varios días después en una función comercial local, y le conté aquella historia acerca de los esfuerzos especiales del gerente. El supervisor, orgulloso del gerente, me dijo: «Y eso no era algo que tenía que hacer».

Varios meses después, aproximadamente una semana antes de la presentación que yo tenía programada, volví a ver al supervisor, y cuando mencioné el esfuerzo del gerente, añadí las palabras exactas que él había usado: «...y eso no era algo que él tenía que hacer».

Inmediatamente noté que el supervisor actuaba de forma mucho más amistosa y abierta conmigo. Es lo fascinante acerca de esto: Estoy bastante seguro de que no recordaba haberme dicho esas palabras exactas, pero eran palabras que le resultaban cómodas, porque eran sus propias frases. En consecuencia, se sentía más cómodo hablando conmigo. ¿Por qué? Porque hablábamos el mismo idioma, literalmente. Al final de nuestra conversación, me informó que tenía buenas expectativas de hacer negocios conmigo.

Es una buena idea hacer coincidir las palabras, las expresiones, el tono, incluso el volumen, para hablar en la lengua de otros. Les Giblin dice que esto no solo demuestra que has estado escuchando, sino que también es una buena forma de introducir tus propias ideas sin oposición. Definitivamente, ¡estoy de acuerdo! Las personas no se sienten inclinadas a discutir o estar en desacuerdo con algo que ellas mismas han dicho.

Una introducción a la programación neuro-lingüística

Este acercamiento que acabamos de ver, el de hablar a las personas en su propio idioma, ha pasado a primer plano como una metodología más específica a través de la tecnología de la programación neurolingüística (PNL). Desarrollada a principios de los años 70 por Richard Bandler y John Grinder, basándose en sus observaciones de las técnicas relacionales y conversacionales de los famosos psicólogos Fritz Perls, Virginia Satir y Milton Erikson, la PNL es una forma de desarrollar rápida y eficazmente la afinidad con otra persona.

Después de leer varios libros sobre el tema y tener una sesión privada de PNL, el acercamiento me pareció fascinante y muy útil. En cierto sentido, el ejemplo del capítulo anterior, en el que le dije a otra persona las palabras exactas que ella había dicho, era un ejemplo de incorporar la PNL. Pero es mucho más que eso.

La PNL nos enseña que, como seres humanos, procesamos la información de tres formas distintas, siendo normalmente una de ellas el canal primario o preferido: auditiva, por el oído o el sonido; visual, por la vista; y *kinestésica*, por el tacto o la sensación.

A menudo, las palabras que usamos indican al oyente nuestro método principal de procesar la información, o al menos nuestro estado mental en ese momento determinado. Por ejemplo, la frase «Veo lo que quieres decir» indica que el interlocutor procesa principalmente la información de forma visual, o que se encuentra en un modo visual en ese momento. La forma más eficaz de responder es usar una terminología similar: «Yo también lo veo bien».

¿*Ves* cómo esa respuesta coincide con el estado original del que hablaba?

Si, por el otro lado, dice: «Eso se oye tan claro como una campana», eso indica el estado auditivo o sonoro. Si es principalmente kinestésica (tacto o sensación) o al menos se encuentra actualmente en ese estado, puede decir: «Simplemente no siento que sea correcto» o «Lo puedo sentir en mis entrañas».

En una ocasión, mientras hablaba con una amiga sobre un desafío personal que yo estaba atravesando, le dije: «Está mejorando. Por fin puedo sentir la luz al final del túnel». Como era estudiante de PNL, me dijo: «Eres kinestésico, ¿verdad? ¡Acabas de decirme que podías sentir la luz al final del túnel! No ver la luz, sino sentirla». Tenía razón.

Cuando puedes hablar en el idioma de la otra persona, esta se muestra más receptiva contigo, a menudo de forma inconsciente. Existe incluso una forma de conocer el estado actual de una persona haciéndole preguntas y observando hacia dónde se dirigen sus ojos. Es bastante asombroso, y lo poco que he descrito aquí es solo la punta del iceberg.

Un cliente me cuenta que incluso usa técnicas de PNL cuando da su clase en la escuela dominical. Le ayuda a desarrollar una conexión más rápida con sus alumnos. Existen varios libros y cursos muy buenos sobre el tema de la PNL, y recomiendo ampliamente aprender más acerca de ella. Es una forma fantástica de añadir nuevas tecnologías a tus herramientas de persuasión.

El «mensaje yo»

He aquí otro principio que todos necesitamos interiorizar, y notarás que su tema resurge a menudo a lo largo de este libro. Se llama el «mensaje yo».

Esto no debe confundirse con estar orientado al yo. En mi libro *Tu lista ilimitada de referidos*, hablo de la idea de que, cuando nos encontramos con alguien nuevo por primera vez, necesitamos estar orientados hacia «tú» (usted), en contraposición a estar orientados hacia el «yo». Esto significa enfocar tu atención en la otra persona, invirtiendo el 99,9% de la conversación en hacerle preguntas acerca de su persona y de su negocio. Pregúntale cómo saber si alguien con quien estás hablando sería una buena perspectiva para él.

Enfocarse en la otra persona de este modo es siempre el mejor acercamiento que puedes tener cuando interactúas con las personas. Sin duda te ayudará a establecer una relación en la que todos ganen y a dominar el arte de la persuasión.

El mensaje yo del que hablamos aquí es algo totalmente diferente. En él hacemos recaer sobre nosotros la responsabilidad de un desafío o malentendido, lo que tiene el efecto de tomar a la otra persona por sorpresa, desarmarla y hacerla más receptiva a encontrar una solución al desafío.

En este sentido, un mensaje «tú» significaría echarle la culpa a ella, lo que simplemente la pondría a la defensiva y la haría menos receptiva a un resultado beneficioso para ambas partes.

Digamos que estás en una discusión en la que la otra persona no te está hablando con la consideración y el respeto apropiados. Ahora, podrías tener la tentación de decir: «¡Eh, me estás hablando con menosprecio! No me estás mostrando ningún respeto». Pero este es un clásico mensaje «tú»; en otras palabras: ¡estás *equivocado*!

He aquí cómo podrías enmarcar tu respuesta como un mensaje «yo»: «Sam, estoy perturbado. Puede que solo sea por cómo me lo estoy tomando, pero siento que me estás menospreciando y que no estoy recibiendo el respeto al que creo que tengo derecho».

Lo que has hecho es poner la responsabilidad en ti, no en Sam. Como resultado, Sam no tiene que reaccionar a la defensiva. Al mismo tiempo, sigues transmitiendo tu mensaje alto y claro: aquí no se está mostrando el comportamiento adecuado, y eso te molesta.

Veamos otro ejemplo.

Estás tratando de persuadir al gerente de tu banco para que te permita cobrar un cheque de fuera de la ciudad sin período de espera. Crees que has sido cliente durante el tiempo suficiente para que te concedan ese privilegio, pero la gerente —quien tiene el poder de acceder a tu petición— está siendo testaruda y no está mostrando aprecio por tu lealtad como cliente.

De nuevo, es tentador abordar la situación con un mensaje tú: «Usted está siendo totalmente irrazonable. ¿No puede apreciar el hecho de que he sido un cliente fiel?». Pero eso suena insultante. Peor aún, también la ha acorralado en un rincón donde le parece que si cede, pierde. En su lugar, puedes transmitir el mismo punto en forma de mensaje yo: «Realmente siento que, después de tanto años de lealtad a este banco, posiblemente no se me aprecia como un cliente de valor. Siempre he disfrutado de hacer mis operaciones bancarias aquí. Puede que solo sea mi interpretación, pero me resulta muy inquietante. ¿Podríamos solucionarlo?»

La diplomacia y el tacto a través de un mensaje yo te ayudarán por lo general a obtener los resultados que buscas.

En su libro *How to Argue and Win Every Time*, el famoso abogado Gerry Spence señala la importancia de formular una afirmación que encaje correctamente en el mensaje. Sugiere usar el mensaje yo «Me siento perturbado», en contraposición al mensaje tú «Tú me perturbas». Otro ejemplo: «Me siento un tanto engañado» es un mensaje yo. El mensaje yo sería: «Me has engañado».

El Sr. Spence relata cómo le hace saber a un juez que cree que no lo está tratando de forma justa. Nunca lo haría con un *mensaje tú* como «Usted es injusto» o «Usted está siendo descortés conmigo». A través de un *mensaje yo*, por ejemplo: «Su señoría, me siento impotente», explicaría su situación.

Requiere cierta práctica dominar el mensaje yo, pero una vez que lo hagas, te ayudará inmensamente.

Defensa sin intimidación

El siguiente incidente ocurrió en el departamento de compensación por desempleo del condado local. Yo tenía que presentar el caso de una joven que, a mi juicio, había sido despedida injustamente de su trabajo y cuyo antiguo empleador estaba impugnando su derecho a cobrar la compensación por desempleo. El hombre al que me referiré aquí como «el juez» era en realidad el titular de ese departamento en particular. Su decisión sería definitiva. En cierto sentido, él sería el juez y el jurado.

Sin entrar en demasiados detalles, decidí tomar el caso de esta joven por dos razones.

En primer lugar, conocía personalmente la reputación de este empleador de tratar de forma poco ética a contratistas y empleados independientes. Basándome en mis experiencias personales con él, la historia de aquella joven no era particularmente difícil de creer.

En segundo lugar, durante la primera reunión entre la joven, el juez y los dos representantes de su empleador —una de los cuales yo sabía que era una persona dura—, nuestra joven (a la que llamaré Jill) parecía haber sido injustamente inculpada.

Yo no me sentía cómodo con eso. Jill, que era amiga de un amigo, parecía un gorrión frente a un par de buitres, de manera que Bob «Llámame Perry Mason» Burg intervino.

Cuando Jill salió de aquella primera sesión con los ojos llorosos, todavía no me daba cuenta de que mi amigo iba a pedirme que la representara, ni siquiera de que eso estaba permitido, pero le pedí que me contara todo lo que había pasado. Jill dijo que la despiadada representante del empleador, en lugar de hacer preguntas sueltas como se le había instruido para determinar los «hechos», se limitó a soltar acusación tras acusación, que el juez no corrigió. Esto intimidó a Jill.

Afortunadamente, antes de que concluyera la sesión, el juez fue llamado repentinamente a otra reunión y tuvo que interrumpir la audiencia y reprogramarla. Según Jill, incluso le sugirió que se olvidara de todo el asunto porque no tenía ninguna posibilidad de ganar.

Bueno, pronto veríamos cómo los buitres —y el juez— responderían ante los principios y métodos del arte de la persuasión.

Como en cualquier negociación, investigué todos los hechos que pude, pero en este caso no había mucho en qué basarme. Según Jill, ella y Karen, la supervisora antes mencionada, no se llevaban bien. Según Karen, la razón por la que Jill fue despedida y por la que intentaban denegarle la compensación por desempleo era que había hecho algo contrario a los deseos del empleador aproximadamente un año antes.

Lo que hizo Jill sin duda estuvo mal. No fue un delito de enemigo público número uno, pero estuvo mal y no debió haberlo hecho. La habían amonestado duramente por ello y luego el propietario perdonó el acto y a Jill. Caso cerrado...

o así debió ser. Pero con el tiempo, se desarrollaron algunos sentimientos personales muy negativos, no relacionados con el error de juicio que cometió Jill y por el que había sido perdonada, entre ella, Karen y el empleador.

Según Jill, la razón por la que la despidieron fueron los sentimientos personales negativos, y estaban luchando contra su indemnización por desempleo sin más motivo que el rencor.

Con eso en mente, entré en el despacho, conocí al juez, me senté junto a Jill y frente a Karen y su testigo, una antigua compañera de trabajo de Jill que aún trabajaba para la empresa. Sin ninguna experiencia en los tribunales, yo solo podía depender de las habilidades de las que hablamos en este libro.

El juez me preguntó si tenía algún comentario o preguntas antes de empezar, y le dije que sí. Mi plan era, en primer lugar, establecerme ante el juez como alguien capaz de representar a una persona, porque estoy seguro de que ha tenido a muchos gritones o discutidores que han venido y han intentado jugar a ser abogados importantes. También sentí la necesidad de hacerle saber amablemente que no aceptaría la intimidación que, al parecer, se había producido en la primera ocasión.

Empecé sentando respetuosamente el fundamento.

«Sr. Johnson, en primer lugar permítame expresarle mi agradecimiento por permitirme representar a la Srta. Alexander. Creo que podemos, todos nosotros» (y aquí hice un gesto hacia la oposición), «proveer suficiente información para permitirle llegar a una decisión justa y equitativa».

Hecho esto, era el momento de hacer la «amable amenaza *implícita*». Con esto se pretende meter algo de temor en el corazón de la otra persona, pero mostrando tanto respeto que no quede mal y no pudiera enojarse conmigo y, por lo tanto, querer vengarse. (Más adelante hay todo un segmento en el que se explora la idea de la «amenaza implícita amable».)

«Sr. Johnson —dije—, estoy seguro de que se trata simplemente de un malentendido, pero creo que es necesario mencionarlo. La Srta. Alexander me hizo saber que, después de la primera sesión, se le aconsejó que no se tomara la molestia de seguir con este asunto, porque el caso ya estaba decidido. Sé que eso no es cierto. Usted nunca haría eso. En los tiempos actuales, lo único que se consigue con eso es que se interesen los periodistas de investigación del periódico local y ninguno de nosotros necesita que nos importunen con eso».

Me di cuenta de que el juez había captado el punto, e insistió —con la boca apuntando un poco más hacia la grabadora que había encendido— en que algo así *no* había ocurrido ni ocurriría nunca durante una de sus audiencias.

Le contesté: «Yo sabía que no», dando a entender que nunca había tenido dudas.

He aquí un punto que merece la pena destacar: Hay ocasiones en las que, para transmitir una idea o hacer que alguien tome acción, tienes que —y aquí está la palabra clave— implicar una amenaza. Nunca amenaces. Simplemente insinúa. Si amenazas directamente, arrinconas a la otra persona y a su frágil ego. Para salvar las apariencias, tendrá que discutir contigo y demostrarte quién manda. Así habla el ego, y el ego es un factor muy importante en la decisión emocional de una persona de evitar el dolor. Quieres transmitirle tu punto sin que se enoje ni quiera vengarse.

Eso toma práctica, pero es una habilidad que merece la pena perfeccionar.

Hacer las preguntas directas a Jill fue bastante fácil y sencillo; el desafío llegó cuando a Karen le tocó interrogar. Aunque el juez nos había indicado a cada uno de nosotros que hiciéramos preguntas a los testigos y no hiciéramos declaraciones ni diéramos opiniones, Karen empezó a hacer exactamente lo que Jill dijo que había hecho la última vez: soltar en voz alta una letanía de acusaciones.

Esto me proporcionó la oportunidad de objetar verbalmente, y lo hice muy amablemente. «Sr. Johnson, estoy segura de que la Sra. Patterson no lo está haciendo a propósito, pero parece que en lugar de hacer preguntas —como usted le había instruido—está haciendo declaraciones».

Él estuvo de acuerdo y la amonestó suavemente. Ella *no* quedó contenta.

Una buena oportunidad para nuestro lado era el hecho de que nunca antes la habían llamado la atención sobre esta tendencia suya, y como esta era exactamente la forma en que se sentía cómoda expresándose, siguió haciéndolo una y otra vez, y cada vez que lo hacía, yo me oponía amablemente:

«Sr. Johnson, creo que eso no es una pregunta». Y cada vez el juez, un poco más enérgico ahora, la instaba a formular sus preguntas... ¡como preguntas! Esto rompió totalmente el esquema de Karen, y empezó a perder el hilo de sus pensamientos.

El único punto delicado fue cuando Karen sacó a relucir el incidente en el que Jill había estado claramente mal. Cuando me tocó reexaminar, volví a establecer el acto e hice que Jill admitiera que sabía que había actuado mal. De hecho, no oculté que yo estaba de acuerdo —como lo estaría cualquiera— en que había actuado mal al hacer lo que hizo.

Esta es una variación de una táctica que Abraham Lincoln usaba como abogado. Empezaba su declaración de apertura repasando el caso de la oposición de forma positiva, tocando algunos puntos obvios que sabía que sacarían a relucir de todos modos y formulando sus declaraciones de forma que se pudiera pensar que en realidad estaba representando a la otra parte. De este modo establecía con el jurado su honradez, integridad y sentido de juego limpio y justicia.

¿Ves lo que estaba haciendo?

Estaba diciendo: «En toda historia hay dos lados; el otro equipo en esta, son buenas personas». Estaba demostrando —no prometiendo, sino demostrando tangiblemente— que iba a abordar todo el proceso con imparcialidad y honestidad.

Muy poderoso. Y tú también puedes aplicarlo siempre que expongas tus argumentos en prácticamente cualquier situación.

Cuando solicites un aumento de sueldo, permite que el jefe sepa: «Comprendo su postura. El presupuesto es difícil, las ventas han bajado, no hay mucho dinero discrecional». Desde el principio, te habrás establecido a ti mismo, a tu comprensión de la situación de tu jefe y a tu propia base de honestidad. Ahora estás en condiciones de darle tu versión de los hechos.

Cuando necesitas hablar con el supervisor o gerente de una persona que de algún modo te ha agraviado, resístete a lanzarte con un aluvión de acusaciones contra esa persona. El supervisor recibe eso todo el tiempo. Sé más efectivo al ser diferente.

En primer lugar, hazle saber que comprendes que ese empleado probablemente tiene muchos desafíos a los cuales enfrentarse durante el día, y que probablemente hoy solo está teniendo un mal día; que no lo culpas personalmente.

Te garantizo que eso te dará más credibilidad en la mente del supervisor que cien personas quejándose y siendo desagradables. Esta es otra oportunidad para usar las tres palabras clave: Amabilidad, Paciencia y Persistencia. Y *funciona*.

Volvamos a nuestro caso.

Dejé claro que Jill había errado, y luego le pregunté si la habían despedido como resultado.

¿No? ¿Por qué no?

Ah, ya veo: ¿tu empleador te perdonó y se limitó a advertirte de que no volvieras a cometer el mismo error? Ah. ¿Y volviste a cometer el mismo error? No, ¿no lo cometiste? ¿Y de manera que no te despidieron por eso?

No.

En ese momento, tuve por fin la oportunidad de hacer algo que sabía que me proporcionaría una particular emoción personal, y así fue: Añadí: «No tengo más preguntas». (¡Me sentí como un auténtico abogado de televisión!)

El resto es algo anticlimático y repetitivo respecto a cómo el manejo de esta situación se relaciona con los métodos de persuasión que estamos tratando.

Al final, Karen se quedó con el único argumento final de que Jill había sido despedida debido al incidente en cuestión, y que por eso no debía recibir la compensación por desempleo.

En mi argumento final, planteé amablemente el hecho de que en realidad se había establecido que ése no era el caso, por lo que, a menos que se pudiera aducir otra razón, confiaba en que el Sr. Johnson «fallaría de la manera que considerara correcta».

Toma nota de lo que dije allí: no que «fallaría a nuestro favor», sino que fallaría «de la forma que considerara correcta». Eso le daba crédito por ser capaz de tomar una decisión justa, equitativa e inteligente. No me sorprendió en absoluto que, una vez concluida oficialmente la audiencia y emitido su fallo, me diera las gracias por mi tiempo.

Ah, sí: falló a favor de Jill.

Permite que la persona piense que fue su idea

¿Estarías de acuerdo en que las personas están más de acuerdo con tu punto de vista si sienten que tu punto de vista es también *su* punto de vista?

Si estás exponiendo un punto de vista y es similar a algo que dijo antes la otra persona, puedes señalarlo simplemente con comenzar diciendo: «Y como señalaste señalado antes...» y luego continuar con tu punto de vista. También podrías decir: «Como estabas diciendo anteriormente...», o «Joe, como mencionaste...», o «... como aludiste», o cualquier número de frases similares.

Pero, ¿y si la persona en realidad no había dicho eso antes? En realidad, ¡no importa! Mientras no sea contrario a sus creencias, probablemente se sentirán identificados. Simplemente ajusta ligeramente tus palabras y lograrás un efecto muy parecido. En lugar de decir «como decías antes», puedes cambiarlo por algo como «Como tú dirías, Joe...».

En este caso, no has dicho que Joe lo haya dicho realmente, sino que es la clase de cosa que podría decir. Le estás dando el mérito, bien por decirlo primero, o por tener esa idea general.

Yo estaba conversando con el padre de una amiga. Después, mi amiga me dijo que había notado cómo, cuando le explicaba algo a su padre, lo hacía participar en la conversación diciéndole: «Como usted mencionó antes, la clave está en...». Y dijo que se daba cuenta de que él era muy receptivo a eso.

Yo no intentaba necesariamente obtener algo de él, y no estábamos debatiendo un asunto controversial. Simplemente discutíamos un punto de vista con el que estábamos de acuerdo. Siempre que puedo, me gusta hacer que las personas sientan que forman parte de una idea tanto como sea posible. Es un buen hábito que hay que desarrollar. Hace que las personas se sientan bien acerca de la interacción.

Entregando el poder

Mi amiga Debbie había venido de visita desde California, y debido a un error que cometió al facturar su equipaje, este no llegó al aeropuerto cuando la recogí. Ella estaba comprensiblemente alterada y, como salíamos de viaje a primera hora de la mañana siguiente, se sintió muy consternada cuando le dijeron que su equipaje no llegaría hasta pasada la medianoche. Como no era culpa de la compañía aérea, nos tocaba a nosotros volver al aeropuerto para reclamar su equipaje.

Empezó a entrar en pánico y, como la mayoría de las personas, estaba a punto de suplicar y defender su caso, lo cual no le iba a servir de nada. Pude ver que el empleado de la aerolínea ya estaba sintiendo el poder de poder negar sus deseos.

Afortunadamente, me había dado cuenta de esta transacción contraproducente lo suficientemente pronto como para poder ayudarla.

¿Qué hice primero? Escuché —sin interrumpir— al empleado recitar la regla exacta que establecía que la compañía aérea no estaba obligada en absoluto a hacer entrega del equipaje. Llegaría a las 3:00 de la mañana, lo suficientemente temprano como para acomodarse a nuestros planes de salida, pero no era conveniente para la persona encargada de entregas en la aerolínea, ni para Debbie.

Le di la razón a la empleada y le dije que, dadas las circunstancias, no la culparía en absoluto por cumplir esa regla. ¿Qué iba a hacer ella, discutir conmigo por estar de acuerdo con ella? No, de modo que ahora estaba desarmada y su estado mental de padre cambió a un estado mental más adulto.

Llegados a este punto, le pedí ayuda cediéndole el poder a ella (esto es importante, y repasaré por qué en un momento). Fue así: «Mire, estoy en una situación un poco difícil. No es su problema y depende totalmente de usted, pero me pregunto si podría guiarme en la dirección correcta. Mañana tenemos un viaje por la mañana temprano y, para cuando abra el aeropuerto, ya debemos llevar horas en camino para llegar a tiempo a nuestro destino».

Entonces salí con siete palabras clave que funcionarán casi siempre. Esto supone que ya has hecho un buen trabajo para ganarte a esta persona de tu lado, lo suficiente como para que les gustaría poder ayudarte. Estas siete palabras son:

«*Si no puede hacerlo, desde luego que lo entenderé*».

Y luego, si es apropiado, puedes seguirlas con estas siete palabras, «*Si puede, de verdad se lo agradeceré*».

Repasemos.

En primer lugar, cedí por completo el poder de la situación a la empleada de la aerolínea. Era un poder que ella ya sentía, por supuesto, y que habría tenido independientemente de lo que hubiera pasado, pero ahora, como se lo había dado voluntariamente, lo tenía sin tener que luchar por él, y eso se siente totalmente distinto. Se le mostró respeto, que es lo que ella quería. La mayoría de las personas ansían respeto, y yo se lo di sin discusión. Ahora estaba más receptiva a interesarse por nuestro problema y por una posible solución.

Luego vinieron las siete palabras que la desafiarían (¡amablemente!) a demostrarnos que tenía poder para actuar y ser nuestra gracia salvadora:

«Si no puede hacerlo, desde luego que lo entenderé». Seguidas, tras una breve pausa, de: «Si (hay alguna forma) puede, se lo agradeceré mucho (o «de verdad»)». Dicho con sinceridad y una sonrisa genuina.

Comunicado con la combinación adecuada de humildad y sinceridad, esto funcionará, suponiendo que realmente haya una forma de que esa persona pueda llevarlo a cabo, ya sea por sí misma o con la ayuda de otra persona.

Aproximadamente a las 3:00 de la mañana siguiente, una camioneta de reparto llegó con el equipaje de Debbie, y el conductor se lo llevó personalmente a la habitación de huéspedes.

4

El arte de hacer que la gente se sienta importante

Los chicos a menudo son nuestros mejores maestros

Tomemos un descanso de las técnicas de persuasión y aprendamos una lección sobre la persuasión positiva y a largo plazo de un par de niños.

Cuando tratas con la gente durante un periodo de tiempo —ya sean familiares, amigos, socios o conocidos—, el mejor método de persuasión que puedes emplear eres tú mismo. Es decir, tu esencia, lo que muestras a esa persona de forma constante y continua. Si muestras amor a las personas, responderán a ello y querrán desvivirse por complacerte siempre que sea posible.

La siguiente historia procede de la columna semanal de la revista Parade, «Teens: What Do You Think? (adolescentes, ¿qué opinan?». El encabezado de la columna de esta semana en particular era «Las frases favoritas de los padres».

Laura Livingston, de Florida, de quince años, escribió: «Mi frase favorita de mis padres es «Te amo». Aun cuando estoy enojada con ellos, me encanta oírlos decirlo. Es una frase común en mi casa, pero me siento afortunada cada vez que la oigo».

Valerie Sleeter, de dieciséis años, de Virginia, escribió: «Un buen consejo que me dio mi padre es: «Todos andan con un cartel invisible alrededor del cuello que dice: Hazme sentir importante'». Esto se lo dijo un día mi abuelo ya fallecido, el coronel Frank Sleeter, en nuestro viejo almacén rural. Creo que es un buen ejemplo de sabiduría campesina».

Personalmente, añadiría que es un buen ejemplo de la sabiduría del campo, de la ciudad, del estado ¡y de cualquier otra clase de sabiduría! Las personas quieren estar cerca y hacer cosas por aquellas personas que les hacen sentirse amadas e importantes.

Esta es otra habilidad que debes seguir practicando hasta que se convierta en una parte interiorizada de lo que eres.

Creo que la mayoría de la gente no se da cuenta de que hacer que las personas se sientan amadas, valoradas e importantes es una *habilidad*. Pero lo es, y porque lo es, puedes aprender a dominarlo.

¿Conoces a personas, quizá incluso a personas que no conoces tan bien, que simplemente te hacen sentir bien siempre que estás cerca de ellas? ¿No te hacen sentir amado, o al menos apreciado? ¿Como si fueras especial, importante? ¿Y verdad que quieres complacer a esas personas?

¿Por qué? Naturalmente, quieres complacer a esas personas por la simple razón emocional del deseo de placer; en este caso, el placer de tener la oportunidad de estar más tiempo cerca de esa persona. A todos nos gusta sentirnos especiales y amados.

Si te sientes bien estando cerca de esa persona, ¿qué te parecería ser esa persona? Puedes serlo. Si interiorizas la habilidad de amar a las personas y hacer que se sientan importantes y bien consigo mismas, otros harán todo lo posible por complacerte.

Las personas dan lo que reciben. Si les das amor, te lo devolverán, a menudo magnificado. Ama a las personas, ¡y el desafío de dominar el arte de la persuasión estará ganado incluso antes de haber empezado!

¿Estás en una posición débil?
Permíteles decidir tu destino:
Probablemente conseguirás el mejor trato.

Esta es otra de las que funcionan la mayoría de las veces, siempre y cuando hayas planteado la situación correctamente y convencido a la persona para que se ponga de tu lado.

Digamos que estás negociando desde una posición de debilidad, en vez de desde la fuerza. No es precisamente la situación ideal. Si lees cualquier buen libro sobre la negociación, lo primero que te dirá es que la mejor forma de negociar es desde una posición de fuerza. Esa fuerza puede consistir, por ejemplo, en tener conocimientos superiores o estar dispuesto a «abandonar el trato».

Pero por cierto que sea, no siempre es factible, no en el mundo real.

Digamos que necesitas reparar algo en tu automóvil. Tienes prisa o, como yo, eres un discapacitado en cuanto a la mecánica. (Tengo cinco pulgares izquierdos y no sé casi nada sobre cómo arreglar automóviles.) O supongamos que necesitas una reparación inmediata en una parte de tu casa, o que necesitas una fotocopiadora para tu oficina de inmediato.

La mejor manera de manejar estas situaciones —ya que necesitas tomar acción inmediata sin tener los conocimientos necesarios para negociar el mejor precio— es emplear el método de poner sencillamente tu situación en manos de la otra persona.

Así es como se hace:

En primer lugar, permítele saber cuánto crees en él como ser humano. Aun si acabas de conocerlo, puedes sentirlo de forma instintiva y expresarle:

«Joe, no sé absolutamente nada acerca de esta situación en particular. Mi ignorancia en este ámbito me asombra. Sin embargo, me siento a gusto contigo. No sé muchas cosas, pero resulta que soy un excelente juez de carácter. Si no me equivoco acerca de ti —y creo que no me equivoco—, eres un hombre de negocios de éxito, honesto, ético y justo. Me gustaría dejarlo en tus manos. Sé que me darás el precio más bajo posible, que será justo para ambos y hará que me sienta bien recomendándote a todos los que conozco».

Hasta donde puedo recordar, solo una vez he tenido la impresión de que la persona con la que hacía negocios de esta manera no era todo lo justo que podía ser. Todos los demás me han tratado justamente o mejor. ¿Cuáles son algunas de las ideas clave que usamos en esa situación?

Le mostraste respeto. Demostraste creer en él. Sabes que es justo, ético y honesto, y lo has dicho. Por lo general, las personas actúan según la forma en que creen que tú crees que van a actuar.

Le hiciste saber que respetas su habilidad para los negocios (a todos nos gusta sentir que somos personas de negocios astutas, ¿no?) y que querías y esperabas que obtuviera ganancias. También mencionaste las recomendaciones, con lo que te encargaste del factor «¿Qué gano yo?» También le hiciste saber —muy sutilmente— que si no te trataba correctamente, probablemente nunca volvería a conseguir trabajo de ti, ni recomendaciones.

¿Ves cómo esto funciona? En un abrir y cerrar de ojos, puedes pasar de estar en gran desventaja a recibir un trato justo y, posiblemente, incluso superior.

La negociación y el arte de la persuasión

Hablemos acerca de la negociación por un momento.

Se podría decir con bastante acierto que todo este libro trata sobre la negociación. Admitámoslo: cada vez que queremos algo de alguien, ya sea dinero, un acto de amabilidad, respeto o cualquier otra cosa, estamos negociando. En la actualidad, cada vez se escriben más libros sobre las habilidades de negociación para ganar en todos los aspectos. Eso me gusta, y he aprendido mucho de muchos de ellos. Toma cualquiera de esos libros o audios y recibirás muchos consejos prácticos para convertirte en un persuasor mucho mejor. Sé que siempre que estoy involucrado en una negociación, me encuentro empleando muchos de los principios, estrategias y tácticas que tratamos en este libro.

Sí, todo se trata de negociación, de una manera u otra. Y el mero hecho de aprender la información de este libro te pondrá muy por delante en cuanto a habilidades de negociación.

Aun así, te animo a que adquieras algunos libros y audios específicos sobre la negociación. Asiste a una clase o curso de negociación. Aprenderás algunas técnicas muy sencillas que puedes usar para mejorar tus habilidades de persuasión.

También conocerás algunos trucos de negociación que los negociadores expertos posiblemente usen algún día (o ya usan) *contra* ti. ¿Por qué es importante saberlo? Porque la ignorancia, al menos en este contexto, es cualquier cosa menos felicidad. Lo que no sabes puede perjudicarte absolutamente, económicamente y de otros modos.

Aunque nunca usarás trucos manipuladores o dañinos contra otros, ¡te beneficiarás enormemente de que otros no puedan usarlos contra ti!

Rechazar una oferta de la forma correcta te prepara para ganar

La siguiente historia aborda un punto interesante, una vez más relacionado con mostrar respeto, especialmente en una situación en la que muchas personas no lo harían.

Cuando estás involucrado en una negociación y una persona te ofrece un trato que sencillamente no te interesa, sé respetuoso independientemente de lo que suceda.

Al rechazar una oferta respetuosamente, te posicionas para recibir «el beneficio de un error de comunicación».

A menudo las empresas compran una gran cantidad de mi programa de audio titulado «Cómo cultivar una red de referidos ilimitados» para usarlo como artículos de reventa o como herramientas de capacitación continua para sus vendedores. El representante de una empresa en particular me preguntó si podían hacer un duplicado del original de la grabación y producir ellos mismos los audios. Entonces me darían una regalía por cada programa vendido. Me lo pidieron porque mi programa se vendía a un precio superior al que ellos estaban dispuestos a pagar. En otras palabras, ¡me estaba preguntando si me parecería bien que *piratearan* mi programa!

Sin duda, esa era una oferta que yo sí podía rechazar. De ninguna manera aceptaría un acuerdo así. Pero en lugar de rechazarlo sin rodeos, o decir algo como: «¿Estás hablando en serio? ¡Yo tendría que estar loco para aceptar algo así! ¿Por quién me tomas, por idiota?», que le habría ofendido, avergonzado y herido su ego, tuve cuidado de declinar la oferta de una manera muy respetuosa. Le dije: «Sr. Sanders, agradezco su amable oferta y me siento honrado de que quiera compartir mi información, pero si yo lo permitiera, sería injusto para toda a gente que los distribuye y que obtiene un descuento tan sustancial por hacerlo».

Me miró con mucha sorpresa.

No le sorprendió que rechazara su oferta, sino porque no se había dado cuenta de que yo concedía a los distribuidores y a los compradores de cantidades un descuento tan grande. Nunca se le había ocurrido preguntar, y yo me había imaginado que ya lo sabía. Estaba equivocado: ¡no lo sabía!

Cuando le dije el precio rebajado, se quedó encantado y allí mismo acordamos la transacción. Se convirtió en un buen cliente.

Si lo hubiera menospreciado mientras rechazaba su propuesta, lo que habría sido un impulso natural, porque lo que me proponía era casi insultante, ¿crees que habríamos llegado alguna vez al punto de entendernos? Incluso si lo hubiéramos hecho, ¿ofenderle habría ayudado o perjudicado mis posibilidades de llegar a un acuerdo?

Rechazar una oferta respetuosamente aumentará drásticamente tus posibilidades de llegar a un acuerdo, si es que es posible llegar a uno.

Muchas veces, después de decirle a un posible cliente lo que cobro por una conferencia, me han hablado como si estuviera cometiendo un asalto a mano armada. De hecho, ¡se han reído de mí! «¡Ja! ¡Estás bromeando! Yo nunca pagaría tanto a un conferenciante».

Oye, yo también tengo ego, y cuando alguien me habla así, sigo siendo amable, pero desde luego no me ofrezco a considerar ningún otro tipo de acuerdo. Aunque no bajo ni descuento mi precio por cuestión de principios (y de sentido práctico), a menudo hay otras opciones que se me ocurren, incluyendo remitirles a conferenciantes que conozco y que pueden proporcionarles un gran valor, pero que cobran menos. Pero si se ríen en mi cara, ¿estoy pensando en varias opciones que podrían resolver su problema? No, estoy pensando en que no me hace gracia que se rían de mí.

Sin embargo, si me dicen: «Bob, me encantaría que vinieras con nosotros, pero simplemente no podría pagarte esa cantidad de dinero», eso es completamente diferente. Puede que sigamos sin poder llegar a un acuerdo, pero quizá sí. Posiblemente podríamos reestructurar mis honorarios con un canje por uno de los productos de su empresa, o diseñar una combinación de honorarios con ventas de libros garantizadas o por adelantado. Y, de nuevo, al menos me esforzaría por encontrarles otro conferenciante que les sirviera bien a un nivel de honorarios inferior, y en tales circunstancias, a menudo lo he hecho.

Esto es válido para circunstancias grandes y pequeñas. Si alguien simplemente te pide un pequeño favor, una llamada telefónica breve, un momento de tu tiempo, pero es algo que simplemente no te es posible en ese momento, se aplica el mismo principio.

Sea cual sea la situación, cuando necesitas negarte, es importante hacerlo con respeto y hacer que la otra persona se sienta bien consigo misma. Cuando lo hagas, si hay alguna posibilidad de un resultado productivo, acabas de aumentar enormemente las probabilidades de que esto ocurra.

Consigue que la persona cuya ayuda quieres se involucre en el desafío

Las personas estarán más dispuestas a ayudarte a resolver un desafío si sienten que tu desafío es también el suyo.

Les Giblin plantea esta cuestión maravillosamente en *Cómo tener seguridad y poder en las relaciones con la gente.* Sugiere que, en lugar de pedir a alguien que te ayude con tu desafío, lo conviertas también en su desafío, simplemente preguntándole cómo resolvería él el problema.

Por ejemplo, estás tratando de averiguar cómo conectar un aparato. Sabes que Tom tiene buenas habilidades mecánicas y que le resultaría facilísimo hacer la conexión. Tú, en cambio, eres como yo y no consigues ensamblar una herramienta de juguete Fisher-Price® de dos piezas que instruye: «Enganche aquí».

Podrías pedirle directamente a Tom que lo hiciera por ti, pero a menos que sea un buen amigo o un tipo servicial por naturaleza, lo más probable es que encuentre una razón para negarse. Pero, ¿qué ocurre si le dices: «Tom, eres un experto con las manos, y yo soy lo peor; ¿cómo me sugieres que empiece a armar tal o cual aparato?». Tom, cuyo ego acabas de alimentar bastante bien (acabas de llamarle experto, ¿recuerdas?), probablemente querrá enseñarte cómo empezar. Y puede que no pare hasta terminar.

Supongamos que estás intentando que te presenten a Deborah Durham, la persona que toma las decisiones en una empresa que podría usar tus productos. Estás seguro de que, si consiguieras ver a la Sra. Durham, podrías tenerla como cliente muy lucrativo y a largo plazo. Conoces a un hombre de la empresa llamado Steve que conoce personalmente a la Sra. Durham, pero no lo conoces lo suficiente como para que necesariamente quiera desvivirse por ti.

En lugar de pedirle simplemente que te presente a la persona, ¿qué si lo involucraras personalmente en el proceso?

«Hola, Steve, ¿podría pedirte un consejo sobre cierto desafío que tengo?».

Has hecho que Steve se sienta importante, y eso es bueno para su ego, lo que puede hacer que se interese por cómo puede obtener esa recompensa particular de placer emocional.

«Claro», dice Steve, «¿qué puedo hacer por ti?»

«Bueno», respondes, «si no te importa que te pregunte, si fueras un vendedor externo que necesitara ver a Deborah Durham en tu empresa para enseñarle tus productos, y su secretaria no te permite pasar a verla ¿qué harías? No consigo resolver cómo».

Vaya, ¡qué desafío le has planteado a Steve! ¿Cómo es posible que una persona a quien se le ha dado tanto respeto por sus conocimientos internos se niegue a compartir esa información? No es que no pudiera ocurrir, pero sin duda has aumentado tus probabilidades de obtener la presentación que deseas.

¡Otra vez ganas!

Cómo discrepar y seguir ganando sin intimidación

A nadie le gusta que le corrijan, ni siquiera cuando dice algo que es absolutamente incorrecto.

Tu cliente potencial te dice que nunca compraría tu producto porque no tiene capacidad para filtrar datos cruzados hasta el mega grado 102. Tú sabes que no es cierto: en realidad sí tiene esa capacidad. Pero si le dices directamente que se equivoca, te tendrá resentimiento.

Podrías convencerle lógicamente de que tu producto no solo puede entrecruzar datos hasta el mega grado 102 (signifique lo que signifique), sino que además podría hacerlo a la velocidad de la luz, con los ojos vendados, y lo más probable es que tu posible cliente siga diciendo «no».

Encontrará la forma de decir «no» para proteger su posición como sea, porque sentirá que su ego ha sido herido. ¿Estás de acuerdo con eso? Al menos nueve de cada diez veces, ¿verdad? Todos lo hemos visto.

Tu jefa te devuelve un informe que le entregaste y te pide que corrijas un aspecto que sabes que era correcto. Lo investigaste, lo comprobaste y lo volviste a comprobar, y sabes que es correcto. Pero, ¿cómo crees que responderá tu jefa si le dices simplemente que se equivoca y que tu informe es correcto? ¿Existe una pequeña posibilidad de que su ego no aprecie de todo corazón que se lo digas? ¿Existe una mínima posibilidad, de hecho, de que aún así encuentre de alguna manera la forma de hacer que tanto el informe como tú estén equivocados, ya sea ahora mismo o en tu próximo informe?

Existe más que una pequeña posibilidad de que lo haga: existe una enorme posibilidad. A menos que esa persona sea un ser humano extraordinario, ¡seguro que lo hará!

En lugar de eso, expresa tu desacuerdo de un modo que ella pueda aceptar e incluso apreciar. Quítale la carga a ella y ponla en tu propia «falta de comprensión». Esto funciona a las mil maravillas.

Cuando tengas que discrepar de la afirmación de otra persona para transmitir tu punto de vista y conseguir lo que quieres, a menudo es mejor iniciar la corrección con afirmaciones como: «Corrígeme si me equivoco...» o «No entiendo...» o «¿Podrías aclararme algo...?».

Pat te dice que no puede entregarte tus muebles nuevos el viernes. Podrías reaccionar diciendo: «¡Lo hiciste el mismo día para Dave Sprazinski en un pedido de entrega especial!». En lugar de eso, ¿por qué no respondes: «Joe, corrígeme si me equivoco —tú sabes de estas cosas mucho mejor que yo—, ¿no pudiste entregarle los muebles a mi amigo Dave Sprazinski en una especie de, no sé, pedido de entrega especial?».

Marjorie dice: «No me gusta cómo se ve eso en esta orden en particular». Dos días antes, ése es exactamente el orden en que dijo que lo quería, y cambiarlo ahora te costaría mucho tiempo y dinero. Pero si se lo dices directamente, probablemente no cederá ni un ápice.

¿Por qué no empiezas lo que le quieres decir con: «Marjorie, podrías aclararme algo, porque quiero que estés totalmente contenta con mi orden. Interpreté lo que me dijiste para que se viera así. Además, funciona de maravilla, tu juicio fue muy acertado. ¿Podemos revisarlo paso a paso?»

Ten en cuenta que, cuando tengas que corregir a alguien que se equivoca, necesitas hacerlo sin ofenderle ni ofender su ego. Usa frases diplomáticas que te permiten pasar con tacto a la información que necesitas expresar para conseguir el acuerdo de esa persona.

Persuasión a largo plazo a través de notas de agradecimiento personalizadas y escritas a mano

He aquí un método sencillo para crear un éxito constante y a largo plazo con las personas. Al principio, esta sugerencia puede parecer un tanto inconveniente, pero pronto descubrirás que en realidad no lo es en absoluto. Y una vez que desarrolles este hábito de éxito, marcará un mundo de diferencia en tu capacidad de persuasión. Tendrás a las personas de tu lado para toda la vida después de hacer esta única cosa, y los desafíos que de otro modo podrían haber salido a la luz nunca llegarán a surgir.

¿Cuál es este secreto asombrosamente sencillo y poderoso para el éxito a largo plazo? El hábito de escribir notas de agradecimiento.

Lo sé, a todos nos han enseñado a hacerlo. Nuestras mamás nos hacían escribir notas de agradecimiento después de asistir a una fiesta de cumpleaños, o de cenar en casa de alguien, o cada vez que recibíamos un regalo. Si trabajas en un campo relacionado con las ventas, es posible que hayas vuelto a aprender acerca de las notas de agradecimiento en Capacitación Básica en Ventas 101. Sin embargo, a pesar de todo lo que nos han enseñado acerca de cómo debemos escribir notas de agradecimiento, ¡son muy pocas las personas que las escriben realmente! Y no se dan cuenta de que están perdiendo una oportunidad de oro.

Por cierto, no estoy hablando de «correos electrónicos de agradecimiento». Estoy hablando de notas de agradecimiento reales, escritas en papel y enviadas a través del correo. Aunque decir «gracias» por correo electrónico también es una herramienta excelente cuando se usa adecuadamente, no es muy eficaz para lo que estamos tratando aquí.

Cuando envías una nota personalizada y escrita a mano, te recuerdan por una buena razón: te has distinguido de todos los que no envían notas de este tipo, lo que incluye prácticamente a todo el mundo.

He encontrado que enviar notas de agradecimiento es una de las herramientas más (si no la más) poderosas para crear una red enorme y eficaz, tanto profesional como socialmente. También he notado que las personas con las redes más impresionantes son ávidas escritoras de notas. ¿Esto dice algo? Creo que sí.

No solo te recordará —y muy favorablemente— la persona a la que enviaste la nota, sino que también te recordará por haberte preocupado lo suficiente como para hacer el esfuerzo. Demuéstrale a alguien que te importa, y tú le importarás a él.

Cuando la persona que repara el aire acondicionado venga a arreglar tu aparato, envíale una bonita nota manuscrita de agradecimiento (tampoco estaría mal una nota de agradecimiento a su jefe). Si alguna vez los necesitas en caso de emergencia, es muy probable que se acuerden de ti y de tu nota y te ayuden cuanto antes.

Cuando hayas comido especialmente bien en un restaurante, deja una bonita nota escrita a mano tanto al mesero como al dueño o al gerente. Lo más probable es que después te traten como un VIP para siempre. Puedo decirte, tanto por experiencia personal como por la de otros, que esto funciona a lo grande.

Si, por el motivo que sea, alguna vez necesitas ayuda de un oficial de policía, envíale una nota de agradecimiento y, de paso, otra a su comandante. Seguro que los quieres de tu lado en caso de (Dios no lo quiera) una emergencia real.

Repito, tanto por experiencia personal como por la de otros, esto produce grandes resultados.

Después de conocer a una persona que puede estar en condiciones de comprar tus productos o servicios o de recomendarte a otros que sí pueden hacerlo, envíale una bonita nota escrita a mano. Cuando los vendedores hacen esto con constancia (la constancia es la clave), obtienen resultados espectaculares a largo plazo e incluso a corto plazo.

Te sugiero que hagas tu tarjeta de notas de 8½ por 3½ pulgadas (21,59 x 8,89 centímetros) que cabe perfectamente dentro de un sobre comercial estándar del N° 10, y en cartulina de 60 ó 70 libras. (Es más pesada que el papel bond normal de 20 libras, pero no tan pesada como una tarjeta postal.) El diseño de la tarjeta podría tener el logotipo de tu empresa en la parte superior derecha y, debajo, tu foto, que ayudará al destinatario a recordar quién eres. La foto debe ser pequeña y profesional, acorde con la imagen que deseas proyectar. (A muchas personas les da vergüenza al principio incluir su foto, pero realmente ayuda a que otros te recuerden. Hay mucho de cierto en el dicho «ojos que no ven, corazón que no siente».) Debajo de la foto pondrías típicamente tu dirección y tu número de teléfono.

También te sugiero que pongas tu breve declaración de los beneficios que ofreces en la parte inferior. Por ejemplo, un asesor financiero podría usar: «Ayudamos a las personas a crear y administrar su riqueza».

No permitas que tu información tome demasiado espacio en la tarjeta. Quieres que sea una nota orientada a la otra persona, no un anuncio para ti, que tendría exactamente el efecto contrario al que deseas. Independientemente del negocio al que te dediques, o incluso si no te dedicas a ningún negocio en particular, puedes preparar la tarjeta siguiendo la estructura básica que acabamos de describir, pero orientada a tu situación singular.

Si deseas ver un ejemplo del mío que puedas usar como modelo básico, visita www.burg.com/notecard. Notarás que el mío tiene una foto de varios de mis libros en la parte superior y no incluye una declaración de beneficios en la parte inferior: en mi caso, los libros son mi mensaje de posicionamiento. Prepara el tuyo de la forma que mejor te convenga. Pero, de nuevo, recuerda que no es una «pieza de ventas». Es un medio para establecer relaciones. Si lo conviertes en un mensaje de venta, frustrarás totalmente el propósito.

Cuando escribas la nota, te sugiero que uses una pluma con tinta azul. Se ha demostrado que la tinta azul es más eficaz, tanto en los negocios como personalmente.

En cuanto al sobre, escribe a mano el nombre y la dirección de la persona (de nuevo, con tinta azul) y ponle un sello de correos a mano, en lugar de pasarlo por un sistema automatizado. Quieres que la carta se abra, no que se perciba como correo propaganda.

Cualquiera que esté en el negocio de la venta por correo confirmará que las cartas que parecen personales por fuera multiplican por diez sus probabilidades de ser abiertas.

La nota en sí debe ser breve, sencilla y amable. Por ejemplo:

> Pat, muchísimas gracias por el excelente trabajo que hiciste con nuestro aire acondicionado. Es maravilloso conocer a un profesional del servicio que realmente entiende el significado de «servicio». Me encargaré de que todos nuestros amigos sepan de ti.
>
> ¡Gracias!
> Tom

¿Crees que tu comodidad y la de tu familia tomarán precedencia en el futuro? ¡Puedes apostar por ello!

Cuando te toca conocer a un posible contacto comercial, tu nota podría decir,

> Hola Ann, gracias. Fue un placer conocerte en la reunión de la Cámara. Si en algún momento puedo recomendar tu negocio, lo haré.
>
> Saludos cordiales,
> Debby

Cuando escribes una nota agradable al mesero y al dueño del restaurante, ¿con qué rapidez crees que responderán la próxima vez para asegurarse de que tú y tu familia estén sentados en la mejor mesa y se les sirva una comida deliciosa? La respuesta: muy rápidamente. Lo mismo ocurre prácticamente con cualquier persona a la que envíes una de estas notas escritas a mano. Es uno de los mejores métodos para desarrollar ese sentimiento de conocimiento, agrado y confianza hacia ti.

Estas tarjetas pueden incluso convertir a enemigos en amigos

He aquí un ejemplo de cómo convertir un posible limón en limonada usando estas notas.

En una convención anual de una asociación a la que pertenezco, estaba sentado en una mesa con otras diez personas aproximadamente. En torno a la mesa ocurrían varias conversaciones simultáneamente y, sin darme cuenta, yo estaba hablando más alto de lo que debía.

Un hombre sentado a mi lado —un caballero mayor y un verdadero centro de influencia dentro de la asociación— se volvió hacia mí con un toque de molestia en la voz y me dijo: «Bob, parece que tienes bastante público ahí».

Pudo haber tenido más tacto en su reproche, pero lo que quería decir estaba claro y lo capté. Y tenía toda la razón.

Al regresar de la convención, le envié inmediatamente una nota personal. No una nota de disculpa, sino de agradecimiento. Decía así: :

> Estimado Sr. Jones: Gracias. Fue un placer conocerle en la reciente convención. Mucho éxito en el próximo año.
>
> > Saludos,
> > Bob.

Eso fue todo. No mencioné nada acerca del incidente. Fue una simple nota de agradecimiento.

¿Logró el resultado deseado? Pues bien, en la siguiente convención, un año después, al verme, el Sr. Jones (no su nombre verdadero, por supuesto) vino desde el otro lado de la sala para darme la mano y saludarme como a un viejo amigo. Se estableció una buena relación, y él y yo seguimos teniendo una gran amistad hasta el día de hoy.

En cuanto al plazo para enviar tu nota, mi sugerencia es sencilla: hazlo de inmediato. En muchas comunidades, si envías una carta antes de medianoche, llegará localmente al día siguiente. Que aparezca en el escritorio de una persona en el trabajo o en su casa al día siguiente de haberte conocido o de haberte prestado un servicio es un detalle muy bonito. Te sugiero que adquieras el hábito de enviar estas notas inmediatamente. Un factor importante que separa a los que logran el éxito en cualquier ámbito de la vida de los que no, es la habilidad de tomar acción en el momento correcto. En la sociedad actual de ritmo súper rápido, ese momento es *ahora*.

En realidad, *habilidad* ni siquiera es la palabra correcta. El término más acertado es *autodisciplina*.

Creo que lo siguiente es cierto: cuanto más esperes para hacer lo que sabes que debes hacer ahora, mayores serán las probabilidades de que nunca llegues a hacerlo. Esto se conoce como la ley de la disminución de la intención.

Y enviar estas notas es demasiado importante como para nunca hacerlo.

5

Todo es negociable

¿No es negociable? ¡Por supuesto que lo es!

Cada vez que intentas conseguir algo de alguien que de otra manera no estaría dispuesto a dar, aunque solo sea la cooperación momentánea de esa persona, estás negociando. Diferentes situaciones requieren diferentes tácticas.

Un desafío podría ser cuando la otra persona tiene cierto poder y disfruta de usarlo todo lo posible para satisfacer su ego. En esta situación, volveremos a utilizar las tres palabras clave: amabilidad, paciencia y persistencia, y además le daremos a esa persona el poder que ya tiene de todas maneras.

Me encontraba en Toledo, Ohio, a unas horas antes de hablar en una gran concentración de ventas. Se estaban colocando las mesas donde la gente tendría la oportunidad de comprar mis libros y audios cuando terminara de hablar. Un aspecto importante de las ventas después de un programa es colocar las mesas en un lugar óptimo. Al salir las personas hacia los servicios o los sitios de comida, o para estirar las piernas en el pasillo, estarán lo suficientemente cerca de la mesa como para acordarse de la mercancía a la venta. Pueden ver los CD, DVD y libros, tomarlos y hojearlos, y es más probable que los compren.

Así que posicionar nuestra mesa es siempre muy importante. Pero, obviamente, es mucho más importante para mi equipo y para mí que para el personal del espacio de la convención. Y es comprensible: ellos solo quieren que las cosas funcionen bien, sin grandes complicaciones que les hagan trabajar más de lo necesario.

Al inspeccionar nuestro sitio en Toledo, notamos que nuestra mesa estaba más alejada de la puerta principal de lo que nos convenía, de modo que la trasladamos a un lugar más ventajoso. Como el sitio junto a la puerta ya estaba ocupado, elegimos un lugar contra la pared, justo enfrente de la puerta. En realidad, esto era incluso mejor. La gente nos miraría directamente al salir de la sala principal y casi chocaría con nosotros al volver a entrar. De hecho, me pregunté por qué no habían pensado en ello otros ponentes, animadores o expositores.

Pronto descubrí la respuesta. El Sr. Anderson, uno de los responsables del local se acercó rápidamente a nuestra mesa y nos informó que teníamos que cambiar de sitio. «No pueden instalarse ahí», declaró. Sin duda, estaba preparado para una discusión a muerte.

Yo no lo culpaba. Sin duda, tiene al menos una de esas discusiones por cada programa que se celebra en su arena. Se produce una agria discusión, y entonces la persona acaba mudándose, dejando a ambas partes enojada y resentidas.

Pues bien, en lo que a mí respecta, él no iba a obtener *ninguna* de esas dos cosas: ninguna discusión y ninguna mesa movida.

El primer paso que tomé, como ya habrás adivinado, fue tomar conscientemente la decisión de responder, no de reaccionar. *Responder, no reaccionar.*

Le tendí la mano y le dije: «Soy Bob Burg». Me tomó la mano y me dio un apretón (¿qué iba a hacer, negarse?) y me dijo que se llamaba Scott Anderson. Ahora estaba un poco desarmado y un poco más amable cuando continuó: «Va a tener que retirar la mesa y colocarla en el pasillo. Va contra las normas poner una mesa aquí y lamentablemente no es negociable».

«Ah, comprendo», le contesté.

Continué, utilizando respetuosamente su título: «Sr. Anderson, ¿qué podríamos hacer para llegar a un acuerdo especial? Ponerla al fondo del pasillo matará absolutamente mis ventas, y me pregunto si podría usar su influencia para hacer una excepción especial».

Lo que acababa de hacer era afirmar en su mente el hecho de que yo lo respetaba a él y al poder que tenía. Al usar la frase «excepción especial», le estaba ayudando a pensar en una respuesta que él también podría usar y de la que podría tomar el mérito.

Sin embargo, no iba a ser *tan* fácil. Esto iba a tomar algo de paciencia y persistencia. «No hay ninguna excepción especial», respondió. «Como le he dicho, Sr. Burg, no es negociable».

«Estoy de acuerdo», le contesté.

Aprendí el poder del acuerdo de un empresario de gran éxito llamado Tim Foley. Ex jugador de fútbol All-Pro de los Miami Dolphins, ha hecho una fortuna en el mundo de los negocios, entre otras cosas porque tiene una habilidad increíble con la gente, y la diplomacia es su fuerte.

Se rumorea que Tim lee cada pocos meses el libro *Cómo ganar amigos e influir sobre las personas* para mantener afiladas sus habilidades en ese campo. Yo diría que es un consejo excelente. También trabaja duro, es constante en sus esfuerzos y se entrega a los demás. Es una receta segura para el éxito empresarial y personal.

«Oh, estoy de acuerdo», le dije al Sr. Anderson. «Es obvio que hay una razón para esta norma. Debe ser algún tipo de protección, pero, ¿sabe qué?, no consigo entender cuál es; solo sé que si no dispongo de este espacio, tendré un grave problema. Me doy cuenta de que usted es la clase de persona que busca soluciones a los desafíos; ¿tiene algún consejo sobre cómo podríamos resolverlo?».

Ahora se estaba poniendo un poco intranquilo por un par de razones. En primer lugar, no me rendía. Probablemente eso no era tan extraño; seguro que estaba acostumbrado a que los expositores discutieran violentamente con él durante mucho tiempo. La diferencia aquí era que él estaba recibiendo un argumento. Solo un tipo totalmente respetuoso que masajeaba su ego, al tiempo que desafiaba suavemente su sabiduría y pericia pidiéndole que propusiera una solución.

«El problema es, Sr. Burg, que con sus mesas aquí, sigue estando demasiado cerca de la puerta. Con sus materiales y libros colocados antes de que empiece el programa, las personas se aglomerarán alrededor de su mesa para comprar. Hará que a las personas que quieran entrar y conseguir asientos les resulte difícil pasar a través de la multitud. Por eso, lamentablemente, por mucho que me gustaría ayudar, sigue siendo innegociable».

Ah—*por fin, buenas noticias*, pensé para mis adentros.

Quizá estés pensando, Bob, ¡¿estás loco?! ¡Te acaba de dar una noticia horrible! Pero no fue así. Solo me proporcionó la respuesta, una respuesta que le permitiría dejarnos quedarnos allí, a la vez que le satisfacía emocionalmente y le daba lógicamente el margen que necesitaba para no dejar de hacer lo correcto solo por proteger su ego.

Posiblemente notaste que indicó que el desafío consistía en que las personas se aglomeraran alrededor de la mesa antes del programa, sin permitir que pasara el gentío apresurándose a tomar asiento. Pero nosotros nunca abrimos nuestra mesa para transacciones antes del programa. Hemos descubierto que las ventas son significativamente mejores si no la abrimos hasta después de haber presentado mi programa en el escenario. En ese momento, la gente está mucho más interesada en consultar el material de la mesa.

En otras palabras, el desafío que describía el Sr. Anderson nunca *se produciría*.

Por supuesto, eso es lógicamente cierto, pero su ego, como el de cualquiera, no tomaría fácilmente decisiones *basadas en la lógica*. Así que se lo planteé de esta manera:

«¡Sr. Anderson, usted acaba de dar con la respuesta! Le doy mi palabra de que no abriremos la mesa hasta después de que termine mi presentación. De hecho, la cubriremos ahora mismo con estas sábanas, de modo que nadie podrá ver nada y no impactará en absoluto en el público que está entrando. Usted ha encontrado la solución que necesitábamos, y yo puedo vivir sin abrir mi mesa hasta que termine mi presentación».

Funcionó. Él recibió el mérito y yo la solución.

El posicionamiento de la mesa fue el mejor de todos los que he tenido.

Tuvimos una de nuestras mejores noches de ventas.

Aquí está la parte verdaderamente divertida: Para salvar las apariencias y su posición de poder aún más, nos hizo aceptar una disposición adicional: teníamos que prometer que a la mañana siguiente nos instalaríamos en nuestro lugar original. Ahora bien, esto no tenía ningún sentido lógico. En absoluto. El único desafío que planteaba el hecho de que estuviéramos en el lugar que queríamos era que el público inicial necesitara llegar a sus asientos, y eso ya se había solucionado. A la mañana siguiente, el problema sería historia. Pero su ego necesitaba esa concesión mía delante de todos los demás, al parecer, para asegurarse de que todos sabíamos que seguía siendo el jefe.

Y eso estaba bien conmigo. Yo sabía que él era el jefe, y también sabía que mañana no importaba. La mayoría de las ventas se realizan inmediatamente después de mi presentación en vivo. A la mañana siguiente, los que aún quisieran mi material encontrarían fácilmente mi mesa a veinte metros de donde estábamos ahora mismo. No eran los que lo necesitaban justo delante de ellos. Así que accedí «a regaña-dientes» y tuvimos nuestro sitio.

Supuse que, a la mañana siguiente, se habría olvidado por completo de la concesión final, ya que su postura estaba clara. Pero, ¿adivina qué? A la mañana siguiente, se había movido nuestra mesa a su posición original.

Así que te pregunto: ¿las personas toman decisiones de forma lógica o emocional?

Recuerda las tres palabras clave: amabilidad (que también es respeto), paciencia y persistencia. Permite que otros sientan su poder, que quieran ayudarte y que piensen que la solución era suya. Si es necesario, cede un pequeño punto para que sienta que no has conseguido totalmente lo que querías.

A veces, perder un poco de nada es una compensación que merece la pena para salir ganando.

A menudo es más importante cómo pides que lo que pides

Sentado en el mostrador del restaurante Denny's para desayunar, noté que la mesera poseía uno de los acentos extranjeros más inusuales que jamás había oído. Era muy agradable, pero diferente. De hecho, pude oír que la pareja que estaba a mi lado estaba intentando averiguar su origen, al igual que yo. Cuando la mesera volvió a acercarse a nuestra área general, le dije: «Perdone, tiene un acento encantador. ¿De dónde es usted originaria?» Con una gran sonrisa, me dio las gracias y mencionó que a muchas personas parecía gustarles su acento.

Mientras se alejaba, el marido de la pareja que estaba a mi lado le dijo a su esposa: «Así es como se le pregunta algo a una persona».

Creo que lo que quería decir es que tomarse un momento para formular una pregunta con amabilidad y respeto, y decirla con la entonación correcta, marca una gran diferencia a la hora de conseguir lo que queremos y necesitamos de las personas. Yo lo llamo simplemente el arte de la persuasión.

(Y, por cierto, puedes imaginarte el servicio especial, la atención y las sonrisas que recibí de la mesera durante el resto de la comida.)

Una maravillosa conferenciante y autora llamada Glenna Salisbury cuenta una historia muy divertida que ilustra verdaderamente el hecho de que, aunque las palabras que usamos son importantes, a menudo no lo son tanto como la forma en que las decimos.

Glenna cuenta el caso de una joven profesora de inglés que había trabajado duro todo el año intentando ayudar a un alumno asiático de intercambio a dominar la lengua inglesa. Comprensiblemente, él estaba muy agradecido. El último día de clase, la maestra entró en su aula y en su mesa había una sola rosa amarilla. Junto a ella había una nota escrita por el joven. Decía así: :

Querida Maestra, un día esta rosa se marchitará y morirá, ¡pero usted olerá para siempre!

Puede que las palabras no fueran exactamente acertadas, pero ¿crees que ella se sintió insultada o halagada? Estaba encantada, por la intención del joven.

Aquí tienes un pequeño ejercicio que aprendí de Zig Ziglar y que demuestra cómo la forma en que dices algo puede alterar drásticamente lo que quieres decir.

En este ejercicio, quiero que acentúes la única palabra de las frases siguientes que aparece en cursiva. Pon más énfasis en esa única palabra mientras lees en voz alta. Cada frase se compone exactamente de las mismas palabras, pero fíjate en lo que ocurre cuando pones el énfasis en lugares diferentes.

No dije que ella se robó el dinero.

No dije que ella se robó el dinero.

No *dije* que ella se robó el dinero.

No dije que *ella* se robó el dinero.

No dije que ella *se robó* el dinero.

No dije que ella se robó el *dinero*.

¿No son interesantes las diferencias? ¡Todo porque simplemente acentuaste una palabra diferente en la misma frase!

Sí, ¡no es lo que decimos, sino cómo lo decimos! Nuestras mascotas saben lo que queremos decir por la forma, el tono y la manera en que les hablamos. Nuestros hijos también. Se puede decir con seguridad que tus clientes, clientes potenciales, seres queridos, amigos y cualquier persona a quien necesitas ganar a tu lado pueden percibir lo mismo.

Sonreír equivale al éxito

Lee cualquier buen libro sobre el don de gentes y habrá al menos una mención del poder de la sonrisa. También es la técnica más fácil de aprender para dominar el arte de la persuasión.

Para algunas personas, sonreír toma un poco de práctica, para otras, requiere de mucha más. No estamos hablando de sonreír solo para ser positivos, aunque eso en sí mismo es sin duda una razón suficientemente buena. De hecho, vamos a hablar un poco de ello.

Se ha dicho: «No sonríes porque eres feliz, eres feliz porque sonríes».»

¡Es cierto! Es un hecho fisiológico. Cuando sonríes, se produce una respuesta química en el cuerpo que te obliga a sentirte feliz.

Haz esto: sonríe mucho, ahora mismo, e intenta sentirte triste...

No puedes hacerlo, no funciona. Cuando sonríes, te haces feliz a ti mismo, mejoras tu actitud y también mejoran la actitud y las expectativas que otros tienen de ti.

John Mason, autor de *Suéltese de lo que le detiene*, dice: «Una de las cosas más poderosas que puedes hacer para influir en otros es sonreírles».

¡Muy cierto! Dale Carnegie dedicó un segmento entero de su gran libro *Cómo ganar amigos e influir sobre las personas* a este único hecho.

Aunque mi sonrisa es genuina, también sé que es una de mis herramientas más efectivas cuando trato con otros.

Muy pocas personas sonríen sin un motivo concreto. Por tanto, al sonreír, te das una clara ventaja sobre todos los que no sonríen. Pon esa sonrisa sincera en tu rostro y hazlo antes de tratar con la persona del servicio, el burócrata, tu jefe, el mesero, tu cónyuge, cualquiera. Prepárate para caerle bien a esa persona y *que te devuelva la sonrisa*.

Yo empleo esta sencilla acción todo el tiempo, todos los días, con resultados asombrosos, y conozco a otros que hacen lo mismo. A menudo consiguen que les atiendan primero o que les ayuden en un mostrador congestionado, solo porque la persona los ve con esa sonrisa.

Hablamos anteriormente de la necesidad de hablar con un gerente acerca de un desafío. O puede que tengas que preguntar a alguien acerca del hecho de que hay un cargo extra en tu factura. Saluda a esa persona con una sonrisa realmente agradable y observa cómo cambia su mentalidad para adaptarse a la tuya.

La persona que sonríe se convierte en una persona con la que da gusto tratar.

Sonríe...

Cuando entres en un restaurante para tomar asiento, sonríe a quien te mire. Hazlo lo suficiente y las personas te notarán. De hecho, te describirán como alguien que tiene carisma.

Cada mañana paso por mi Dunkin' Donuts local por café. Cuando me acerco a pedirlo, uno de los empleados u otro cliente que me haya visto allí antes comentará que siempre estoy sonriendo. De hecho, lo hago prácticamente en todas partes.

Hace poco, alguien allí me dijo: «Usted es la única persona que conozco que está de buen humor por las mañanas». En una ocasión, un empleado me dijo: «Vaya, hoy sí que usted está de buen humor». Respondí con una sonrisa: «¿Alguna vez me has visto no estar de buen humor?». Me contestó: «La verdad es que no».

¿Crees que recibo un buen servicio y sonrisas de los empleados y otros clientes? Claro que sí. Si alguna vez necesitara dirigirme a alguien por algún motivo específico, ¿crees que me tomarían en serio? Por supuesto que sí.

La verdad es que no siempre estoy necesariamente de buen humor. Tengo mis dificultades, desafíos y frustraciones, como todos los demás. Pero eso no significa que tenga que llevarlo en la cara en público y contagiar mi mal humor a los demás.

Si estoy deprimido o sufro por dentro, eso no es asunto de nadie más. ¿Qué es ese viejo dicho? «A la mitad de las personas no les importa que te sientas mal, y la otra mitad se alegra por ello». Me gustaría pensar que no es del todo cierto, pero el caso es que las personas responden más positivamente a quienes aparentan ser positivas.

La forma más rápida que conozco de cambiar mi mal humor es sonreír. Una sonrisa provoca la liberación de sustancias neuroquímicas llamadas endorfinas en tu cerebro, donde son responsables del estado de ánimo positivo humano que llamamos alegría. Eso significa que puedes cambiar cómo te sientes simplemente sonriendo. (Y nota si eso te hace sonreír...)

Cuando sonríes, las personas empiezan a hablar de ti de forma positiva. ¿Cuál es la recompensa por ello? Probablemente no sabrás exactamente cuál es hasta que suceda, pero el resultado general, tanto a corto como a largo plazo, es que haces que los demás se sientan bien y contribuyes positivamente a tu mundo y al de los demás.

¿Te funciona también en el mundo de los negocios? Claro, porque nunca sabes con quién te vas a encontrar y quién se va a fijar en ti. Una sonrisa despierta la curiosidad de las personas acerca de ti. *¿Por qué está sonriendo?* ¿Qué le hace tan feliz? Puede que pregunten a qué te dedicas y acerca de ti personalmente. A mí me ha pasado.

¿Y en el plano social? Lo mismo. Sonreír te hace más atractivo para otros. Y no me refiero necesariamente al sentido físico, aunque también es cierto.

Mi papá ha sido un gran maestro de la sonrisa desde que tengo uso de razón. Las personas le veían llegar y prácticamente le ponían la alfombra roja, tanto si era la primera como la vigésima vez que lo veían. Siempre me asombraba. Todavía hoy lo estoy. Nunca he conocido a nadie tan amado como él.

Conoces a algunas personas que son así, ¿verdad? Son sinceros. Les agradan las personas y lo demuestran. Aunque tengas que esforzarte para que sea sincero, puedes hacerlo. Paga bien. Verdaderamente bien. Sigue practicando y te gustarán tanto los resultados que se volverá sincero. Como dijo el Dr. David Schwartz en *La magia de pensar en grande*: «La acción precede al sentimiento».

Uno de los mejores ejemplos del poder de una sonrisa que he experimentado ocurrió hace muchos años, cuando entré en un banco de Tampa, Florida. Había tres filas en las ventanillas, y observé que una de ellas era bastante larga, mientras que las otras dos eran cortas. Me pregunté por qué las personas que estaban al final de la fila larga no se movían para ponerse en una de las filas más cortas.

En cuanto pude ver a la cajera que atendía la fila larga, comprendí por qué. Tenía la sonrisa más increíble, radiante y amable que jamás he visto, ni antes ni después. Merecía la pena esperar en una fila tan larga, solo por tener la oportunidad de disfrutar del resplandor de esa sonrisa cara a cara, aunque solo fuera por unos instantes. No suelo ser demasiado dramático, pero su sonrisa era una que obviamente embriagaba a muchas de las personas de forma muy positiva.

Tomé mi lugar al final de la fila y esperé con todos los demás... ¡y yo solo había entrado para preguntar por direcciones para la carretera!

Nos gusta estar con las personas así porque nos hacen sentir muy bien. Yo no nací con una sonrisa como la de aquella cajera de banco; tuve que aprender a hacerlo. Quizá tú también sientas que tienes que aprender a hacerlo. La gran noticia es que no importa si te sale natural o no: puedes aprender a dominar esta habilidad.

Les Giblin sugiere que, del mismo modo que los profesores de canto enseñan a sus alumnos a respirar profundamente y a permitir que la voz les llegue desde lo más profundo del vientre, nosotros debemos hacer lo mismo con nuestra sonrisa. En lugar de sonreír desde el diafragma, sonríe desde lo más profundo de tu corazón. Tienes que sonreír desde lo más profundo de tu corazón, si quieres que tenga un impacto real. Una sonrisa falsa que solo llega a lo más profundo de la piel no tendrá mucho efecto. Todos hemos visto a las personas con ese tipo de sonrisa, y parece falsa, poco sincera o manipuladora. Tu sonrisa debe ser auténtica, o no tendrá todos esos resultados positivamente persuasivos.

Practica tu sonrisa constantemente. Ponte en un estado de felicidad pensando primero en algo muy agradable. Cuanto más practiques, más tu sonrisa amable y persuasiva parecerá —y será— auténtica, natural y *tuya*.

Conseguir que la gente te dé más

Puedes persuadir fácilmente a alguien para que te dé más de lo que haría normalmente. Simplemente planta las semillas con la persona mientras está haciendo lo que haría normalmente.

Por ejemplo, imagina que te encantan las zanahorias calientes como verdura con la comida. Estás en una cafetería y la persona que está sirviendo empieza a servirte las zanahorias en el plato. Quieres más de las que sabes que planea darte. Ya la has saludado con una sonrisa, que te distingue de todos los demás, y ella lo ha notado: te ha devuelto la sonrisa. Cuando empieza a servir la primera cucharada, dices: «Gracias, me encantan». Obtendrás más zanahorias que la mayoría de los clientes, aunque esa servidora no suela romper la rutina.

Dile al mecánico que está trabajando en tu automóvil: «John, eres un todo un artista, amigo, por la forma en que trabajas con estas cosas».

A la gente le encanta que las llamen artistas en trabajos que no suelen asociarse con el arte. Un amigo mío solía decir que el hombre que hacía los sub emparedados en nuestra tienda de emparedados favorita era un artista, y lo era. Le encantaba mostrarnos a mi amigo y a mí sus habilidades artísticas para hacer emparedados. Por supuesto, eso requería mucha más carne y guarniciones, así como más cuidado y atención.

A la mujer ocupada de la tienda de ropa que está repleta de personas que desean su atención, sonríe y dile: «Me doy cuenta de que estás ocupada y no quiero ser una molestia, intentaré tomarte el menor tiempo posible». Lo más probable es que ella te dedique más tiempo que las cien personas siguientes.

«Sé que usted...»

Como personas con ego, a ti y a mí no nos gusta que alguien nos diga lo que tenemos que decir o no, lo que tenemos que hacer o no. Peor aún es que alguien nos instruya sobre algo de lo cual ya creemos saberlo todo.

Cuando necesitas estar seguro de que una persona hará lo que deseas, debes formular lo que dices de tal modo que ni ella ni su ego se sientan ofendidos. Dile que sabes que *él ya lo sabe*.

Antes de dar las instrucciones específicas, podrías (con tono genuinamente alentador) empezar con las palabras: «Sé que tú...» y luego proveerle de la información necesaria.

He aquí un ejemplo: «Tom, sé que crees en ser sensible a los sentimientos de las personas; por eso no dudo de que harás todo lo posible por tener especial tacto cuando le hables a Dave del error que cometió en ese informe».

«Rhonda, *sé que ya sabes* que las estadísticas necesitan archivarse en una configuración de tres niveles. Tienes una manera de siempre colocar estas cosas correctamente».

«Marie, *sé* que ibas a colocarlas aquí de todas formas; solo necesitaba decírtelo por mi propia inseguridad».

Decir las cosas de esa manera quita dolor, hace que las personas se sientan bien contigo —y consigo mismas— y garantiza que, de hecho, harán lo que se espera de ellas.

Lo mismo una y otra vez

Mi exvecina Carol, una supervisora de personal de una empresa local de tamaño medio, me llamó para invitarme a una función de teatro con cena. Como gratificación por las fiestas, su empresa había decidido enviar a todo el personal al teatro para pasar una noche de buena comida y entretenimiento, y Carol me invitó a acompañarla como su invitado.

Cuando llegamos al teatro aquella noche, la persona con los boletos aún no había llegado, de manera que el gerente no nos permitió entrar en el área principal para sentarnos y empezar a cenar. Nos pidió amablemente que esperáramos en el bar. Bebiendo un refresco, me senté y esperé con los demás. Carol, que a veces podía ser algo conflictiva, no estaba dispuesta a dejar las cosas así.

Ella nos anunció a todos que no estaba contenta. Quería que empezáramos a cenar enseguida, para que tuviéramos tiempo de disfrutar de nuestros alimentos. En opinión de Carol, el gerente sabía que simplemente estábamos esperando a que llegara la persona con los boletos, así que, ¿por qué no podíamos entrar ya?

Aunque yo estaba de acuerdo con Carol, era un invitado y no creí que me correspondiera decir nada.

Entonces Carol anunció, para que todos la oyéramos: «¡Voy a armar un revuelo acerca de esto!». Y así lo hizo.

Tras llamar al gerente, empezó a atacar verbalmente su inteligencia, o la falta de ella. ¿Cómo crees que reaccionó? El hecho de que yo haya usado la palabra «reaccionó» y no «respondió» probablemente te dé una pista. Le replicó correctamente.

Esto siguió durante varios minutos, con Carol diciéndole por qué debía permitirnos entrar y el gerente diciéndonos por qué no podía. Una conversación totalmente emocional entre dos adultos, ninguno de los dos se estaba comportando como adulto. Carol, que actuaba como padre, reprendía al gerente como si fuera un niño, y el gerente, que se sentía regañado, entraba perfectamente en el papel de niño y se defendía.

Al ver que esto no iba a acabar pronto y darme cuenta de lo sencillo que podía ser resolverlo, esperé a que los dos combatientes tomaran aire simultáneamente y, en ese momento, viendo mi oportunidad, le dije al gerente: «Señor, entiendo perfectamente su postura y cuál es el desafío. De hecho, en una situación similar, puede que yo sintiera lo mismo. Permítame preguntarle, si asumiéramos la responsabilidad total de la asignación de asientos —si yo consiguiera que la supervisora de personal aceptara que usted quedara totalmente libre de responsabilidad—, ¿consideraría la posibilidad de permitirnos entrar ahora?».

Me miró con una sonrisa y, ante el asombro de todos los demás (¡aunque no el mío!), dijo que no habría ningún problema. «¡Estupendo!» le contesté. «Porque poder cenar sin prisas nos haría disfrutar más del espectáculo. Por cierto, le agradezco su ayuda y comprensión».

Respondió —sí, respondió— diciendo: «Es un placer».

Él entonces nos acompañó personalmente a nuestros asientos y verificó que estuviéramos cómodos varias veces a lo largo de la velada. En un momento de la noche, cuando vio que una de las personas de nuestro grupo se levantaba con su cámara para hacer una foto de grupo, incluso se acercó y se ofreció a tomar la foto por ella, de manera que la mujer de la cámara pudiera formar parte de la foto.

Carol estaba asombrada por lo que había ocurrido y me preguntó cuál era mi secreto. Le expliqué que en realidad no era tanto un secreto como una auténtica preocupación por los demás y el deseo de salir ganando.

No estoy seguro de si comprendió el concepto o siguió a lo largo de su vida librando una batalla interminable. Muchas personas hacen eso. Sin embargo, cuanto más compartamos estos principios y métodos con los demás, más podremos contribuir, poco a poco, a hacer de este un mundo más fácil en el cual vivir.

Establecer una buena relación: La clave para una persuasión eficaz

Por lo general, las personas responden bien a las personas que son como ellas. Tener similitudes con otra persona aumenta tus posibilidades de persuadirla para que acepte tus ideas. Sin embargo, a menudo descubres que en realidad no te pareces en nada a la otra persona. A primera vista, parece que no tienen nada en común.

En estos casos, necesitas estirarte de verdad. ¿Qué puedes encontrar que sí compartes con esa persona?

¿Están los dos casados? ¿Ambos tienen hijos? ¿Tienen hijos más o menos de la misma edad? ¿Son ambos deportistas de fin de semana? ¿Aficionados al deporte? ¿ Tienen aficiones, placeres, diversiones similares?

¿Cómo te enteras? A través de hacer preguntas.

La similitud geográfica puede determinarse con bastante facilidad, y ése es un buen comienzo. Pregúntale dónde vive. Pregúntale dónde creció. Si ambos viven en Massachusetts, pero son originarios de Boston, ése es un buen punto de partida. Puedes mencionar zonas similares con las que ambos estén familiarizados. Si tú vives en Florida y ella en Luisiana, pero ambos crecieron en diferentes ciudades de Massachusetts: «A propósito, yo también soy originaria de Massachusetts». Eso es algo en lo que puedes basarte para establecer una relación de confianza con esa persona. Realmente puedes extenderlo. Digamos que tú vives en Florida y ella en California. Tú creciste en Maine y ella en Nueva Jersey. «Ah, yo también soy de la Costa Este».

Puedes extenderlo bastante digamos, hasta llegar al punto de decir: «Ah, yo también soy de este planeta». Los orígenes geográficos o la ubicación, así como otros parecidos, pueden utilizarse como excelentes creadores de relaciones de confianza.

Imagina que todos los demás conductores son tus vecinos de al lado

Dos conceptos que se mencionan a lo largo de este libro son la amabilidad y responder en lugar de reaccionar. Si no estás acostumbrado a usar regularmente estos dos principios clave, a menudo te verás atrapado en lo que yo llamo el calor del momento.

Ocurre cuando surge el desafío con otra persona y, como aún no hemos interiorizado en nuestra mente y nuestro corazón la forma ideal de manejar la situación, patinamos y perdemos el control. La situación (y a menudo la otra persona) acaba controlándote a ti, en lugar de ser tú quien controla la situación.

He aquí un ejercicio que te servirá como excelente práctica de autodominio en el calor del momento:

¿Has notado alguna vez que, cuando vas en automóvil, los otros conductores parecen tomarse libertades que no se tomarían si no estuvieran bajo la protección de un vehículo en movimiento de tonelada y media? Las personas pueden ser muy descorteses. Se meten a la fuerza en el carril. Te cierran el paso. Incluso te harán la señal de «Soy el número uno» con el dedo incorrecto en el aire.

En su libro *If Life Is a Balancing Act, Why Am I So Darn Clumsy?* Dick Biggs sugiere fingir que todos los demás conductores son tus vecinos que viven en la casa al lado.

¿No es eso brillante?

Y puedes usar esa gran idea para trabajar sobre tus habilidades de amabilidad y de responder. Cada vez que otro conductor sea descortés de alguna manera —independientemente de lo mucho que tengas que luchar contra ti mismo al principio— responde siendo amable. Hazle un gesto amable con la mano o una sonrisa, o asiente con la cabeza en señal de reconocimiento, o incluso levanta la mano como diciendo: «Lo siento, es culpa mía». También puedes permitir que un conductor se adelante en un cruce, o que se ponga delante de ti desde otro carril.

Te asombrará ver cuántas personas se mostrarán amables a cambio (a menudo para su propia sorpresa y desconcierto), lo cual es un buen sentimiento. Convertirás a un enemigo potencial en un amigo. Desarrollarás tus habilidades de amabilidad y de responder en lugar de reaccionar, en un tiempo récord. ¡Eso es una victoria total!

Al fingir que todos los demás conductores de la carretera son tus vecinos de al lado, empezarás a interiorizar para posteriormente poner en práctica estas habilidades tan importantes para dominar el arte de la persuasión.

El resultado de ser descortés

Es probable que el siguiente ejemplo solo ocurra en contadas ocasiones, pero las personas que logran el éxito suelen basarlo en esas pequeñas diferencias que no toman en cuenta las masas de personas promedio, menos exitosas, ni actúan en consecuencia.

Una tarde, cuando salía por la puerta de mi oficina, me crucé con un hombre joven y elegantemente vestido. Sonreí amablemente y le dije: «Hola», como haría con cualquiera, pero él respondió con lo que yo llamo una mirada de «no me molestes, amigo». Obviamente se había imaginado que yo *solo* era un vendedor más, o uno de los empleados de mi empresa. Probablemente no adivinó que *yo era* la empresa. Cuando llegué a mi automóvil, llamé a Ilene, mi gerente, y le pregunté quién era.

Me explicó que era la persona a quien le íbamos a comprar las dos computadoras nuevas y que ahora estaba fuera de su oficina esperándola. Le conté lo ocurrido y le dije que prefería no comprarle nada, y que si quería, yo entraría y se lo diría personalmente para que ella no tuviera que hacerlo.

No, me dijo, se encargaría ella misma. La última vez que él había llamado, ese mismo joven había sido descortés con ella por teléfono. Él había llamado para pedir direcciones, e Ilene contestó por casualidad en lugar de la recepcionista. El hombre fue rápido y apresurado mientras ella le proveía las direcciones, y en cuanto terminó, colgó bruscamente sin un «Gracias», ni siquiera un «adiós». Supongo que pensó que estaba bien actuar así con una simple recepcionista.

Aquel joven perdió dos ventas fáciles ese día, por valor de unos 5.000 dólares. Pensaba que la venta estaba asegurada y

solo venía con el papeleo para que lo firmáramos. Ya habíamos pedido las computadoras por teléfono, algo que muchos
vendedores considerarían una venta ya hecha. La venta no
pudo haberle resultado más fácil. Tuvo que esforzarse mucho
para perderla... y lo consiguió.

Supongo que se podría decir que es una buena idea ser
amable con todos los que conoces. No solo es simplemente
la mejor forma de actuar, sino que además no siempre sabes
con quién estás hablando.

Como remate de esta historia, varios meses después me
enteré de que un conocido mío había ido a trabajar como
gerente de esa tienda de computadoras. Le conté lo sucedido
y no se sorprendió en absoluto. Me explicó que los tres vendedores que habían estado allí cuando él empezó —uno de
ellos era el caballero de la historia anterior— habían creado
mucha mala voluntad para la empresa al tratar a prácticamente todos sus clientes y posibles clientes de forma similar.

Despidieron a todos cuando los propietarios oyeron suficientes comentarios negativos de los clientes (y antiguos
clientes). Mi conocido añadió que, de hecho, él y un par
de otros habían sido contratados por los propietarios para
restablecer la buena voluntad que una vez había sido parte
integral de su empresa.

Amabilidad, respeto y la amenaza implícita

Tras varios días sin que nuestro representante de ventas devolviera nuestros repetidas llamadas, la gerente de mi
oficina tomó la única medida razonable que podía tomar y
llamó al jefe de ese hombre para preguntarle a qué se debía.
Ilene lo manejó perfectamente, primero permitiendo que el
jefe supiera que siempre habíamos estado satisfechos con su

empresa y con el excelente servicio que nos habían proporcionado hasta entonces.

Pronto recibimos una llamada del representante de ventas, Gary, quien acababa de asumir la responsabilidad de la zona, y comprensiblemente no estaba nada contento de que lo hubieran «delatado». Él y yo nunca nos habíamos visto, pero pidió hablar conmigo.

Me dio gusto tomar su llamada. «Buenos días, Gary», le dije.

Gary empezó con un tono de voz realmente defensivo. «¿Por qué llamaron a mi jefe en vez de llamarme a mí directamente?».

«Lamentablemente, Gary, desde hace un par de días hemos tenido un desafío con nuestro equipo. Te llamamos varias veces y, sorprendentemente, no nos devolviste la llamada». Gary respondió: »Acabo de hacerme cargo de este territorio y tengo otros clientes. No puedo responder a todos de inmediato».

Le respondí: «Puedo comprender. Sé que estás muy ocupado, pero una llamada de confirmación nos habría hecho sentir mucho mejor y entonces podríamos haber concertado una cita para que vinieras.

A pesar de mi amabilidad y respeto, Gary seguía sin captar la idea. Volvió a responderme que estaba ocupado y que solo podía devolver las llamadas, en el orden en que llegaban, una vez terminados los trabajos.

Ahora vino lo que se conoce como la amenaza amable pero implícita:

«Gary, entiendo cuál es tu punto de vista e intuyo que ahora mismo estás sintiendo mucha presión por parte de la gente de tu nuevo territorio. Esta es mi situación: Necesitamos saber que podemos ser atendidos por cualquier empresa con la que decidamos hacer negocios. Me gustaría que siguiera siendo la tuya. Obviamente, tú y yo tendremos que trabajar de acuerdo con las necesidades y expectativas de cada uno, y si no podemos, ambos tendremos que hacer lo que sea mejor para nuestras situaciones individuales».

Él entendió.

Sabes lo que yo estaba haciendo sin necesidad de dar explicaciones: establecer un fundamento de amabilidad y respeto. A continuación, posicioné a nuestra empresa en la mente del representante de ventas como un cliente que merecía la pena mantener.

Recuerda que las personas tratan todo el día con despotricadores, delirantes y gritones. Si tienen que sacrificar a uno de ellos o a un cliente amable y respetuoso, ¿cuál crees que será?

Cuando la cortesía por sí sola no consiguió conmover a Gary, llegó el momento de la *amenaza amable pero implícita*. Fue efectiva para hacerle saber que no confundiera mi amabilidad con debilidad. La amenaza implícita es tan efectiva porque comunica claramente credibilidad y seriedad de propósito, pero no acorrala a la persona en un rincón del que no pueda escapar sin que su ego grite de dolor. Y, si te limitas a lanzar una amenaza abierta sin asegurarte de enmarcarla de forma amable—si, por ejemplo, yo hubiera dicho: «Escucha, Gary, o respondes a nuestras llamadas de inmediato, o nos llevaremos nuestro negocio a otra parte»— eso es exactamente lo que haces: acorralas a la otra persona en un rincón en el que, o bien tiene que luchar contra ti, o bien ceder y estar resentido contigo por ello... ¡lo que, a la larga, se traducirá en un mal servicio!

De acuerdo, entonces, pero ¿por qué, te preguntarás, me tomé tantas molestias en lugar de cambiar de empresa en ese mismo momento?

Pues, veamos los resultados de esa conversación.

Gary empezó a venir a vernos siempre que estaba por la zona. Una vez, cuando estábamos escasos de personal y tuvimos que procesar una gran cantidad de pedidos—que no tenían nada que ver con su empresa—, Gary insistió en quedarse y ayudarnos. ¡Increíble! Creo que Gary nos prestó tanta atención porque probablemente éramos uno de los únicos clientes que lo trataban tan bien.

Así que volvamos a la pregunta: ¿y si yo simplemente hubiera cambiado de empresa? ¿Quién sabe cómo nos habría tratado su representante? ¿O el siguiente, o el siguiente después de ese? Eventualmente, incluso podríamos haber vuelto a la empresa de Gary, y habríamos tenido cero credibilidad, ya que estaríamos haciendo negocios con ellos por debilidad, no por fuerza. ¿Y qué me dices de todo el tiempo perdido para establecer la relación y los gastos que habría tomado cambiar de empresa?

No, lo mejor es hacerlo correctamente desde el principio, y que todos salgan ganando.

6

Cómo tratar con gente difícil

No trates de enseñar a un cerdo a cantar

¿Hay algún momento en que lo que estamos discutiendo simplemente no funciona? Sí, lo hay. ¿Cuándo es eso? Permíteme que te lo explique así:

Una vez oí decir: «No intentes enseñar a cantar a un cerdo. Solo conseguirás frustrarte y fastidiar al cerdo».

Del mismo modo, se podría decir: «Nunca discutas con una persona loca». Cuando utilizo la palabra «loca», no estoy hablando de alguien que tiene una enfermedad determinada médicamente que escapa a su control. Hablo de las personas que han tomado toda una personalidad de antipatía o que tienen una actitud particular —y normalmente especialmente negativa— respecto a algo.

Estas son las personas que, por el motivo que sea, no van a trabajar contigo, conmigo ni con nadie. Su estado emocional ha predeterminado los hechos, y su mente no puede abrirse a través de la lógica ni de la emoción. Su postura es: «Ya sé lo que pienso, ¡no me confundas con los hechos!». Probablemente se sienten agraviados por alguien o algo que no tiene nada que ver contigo, y ahora reaccionan contigo según lo que experimentaron anteriormente.

Eso sí, a menudo esas personas no tienen ni idea de que eso es lo que están haciendo. Siempre parecen creer que son las personas más comprensivas y abiertas del mundo. No lo son, por supuesto, pero ni tú ni yo vamos a hacerles cambiar de opinión al respecto.

Todos nos hemos encontrado al menos con una persona así, y por mucho que vaya en contra de nuestra forma de pensar, necesitamos permitirles que se vayan y hagan lo que quieran.

Este es solo un último recurso, por supuesto, pero es una de esas raras ocasiones en las que hay que decir simplemente: «¡El que sigue!». Si intentas persuadir a alguien tan determinado que es impersuasible, solo conseguirás frustrarte a ti mismo, ¡y fastidiar a esa persona de verdad!!

El acercamiento antes de las disculpas

Al acercarme al mostrador de boletos, me di cuenta de que el agente no se veía contento. De hecho, parecía estar de lo más desdichado. No era buena señal. Yo necesitaba que trabajara conmigo, porque tenía que cambiar un par de detalles en mi boleto. Pero estaba claro que se trataba de un hombre dispuesto a ser difícil.

¿Cómo se puede trabajar eficazmente con ese desafío potencial y ganar sin intimidarse?

Me acerqué con una sonrisa y un saludo amistoso, los cuales no tuvieron ningún efecto discernible. Tengo que admitir que, en este punto, empezaba a tener ganas de decirle: «¡Eh, compóngase y haga lo que tiene que hacer!». Pero eso habría convertido a un enemigo *potencial* en un enemigo *real*. En lugar de eso, lo desarmé usando lo que yo llamo el método de la disculpa previa: Me disculpé por adelantado por todo lo que iba a hacer por mí.

Fue algo parecido a lo que sigue:

Lamento tener que molestarle con todos estos detalles, debe ser una verdadera lata.

Eso fue todo. Así fue de sencillo.

A partir de ese momento, hizo todo lo posible para mí. Lo único que él necesitaba era que alguien comprendiera lo que sentía. ¿Lo puedes creer? Con esa pequeña afirmación, su actitud cambió completamente para mejor. Apuesto a que también se mostró más amable con los clientes que me siguieron.

La reacción natural habría sido fruncir mil ceño igual que él y luchar hasta perder eventualmente. Mi socia, que estaba conmigo en el mostrador, me comparó con su antiguo jefe, diciendo que él habría gritado y vociferado... y quizá se habría salido con la suya, pero quizá no, y en cualquier caso, habría arruinado el momento para todos los implicados, y muy posiblemente todo el día.

Recuerda el dicho de Simeón ben Zoma: «Una persona poderosa es aquella que puede controlar sus emociones y hacer de un enemigo un amigo».

Qué, quién y cómo

Mientras leía un libro muy bueno de Milo O. Frank titulado *Comunique su opinión y convenza en menos de 30 segundos*, recordé que hay tres elementos esenciales para cualquier forma de comunicación oral o escrita: «Saber lo que quieres, saber quién puede dártelo y saber cómo conseguirlo».

Conoce exactamente *qué* es lo que quieres de la transacción con la otra persona. Enfoca tus esfuerzos hacia un resultado que te satisfaga.

Conoce *quién* te lo puede dar. ¿Necesitas encontrar una forma discreta de pasar de la persona con la que estás tratando ahora a la persona que realmente tiene el poder de decir que sí? Casi cualquier persona, a cualquier nivel, puede decir que no. Necesitas saber quién es la persona que puede ayudarte a obtener lo que deseas.

Lograrás el *cómo* al usar las habilidades y métodos de este libro, junto con los que aprendas también de otras fuentes.

Encuentra el quién

Hace años, en un número de la revista *Selling,* leí acerca de un caballero llamado Joe Cousineau. Ahora presidente de su propia empresa, usaba con pericia el arte de «encontrar al quién» cuando era gerente regional de ventas de otra empresa del sector.

Cousineau estaba intentando conseguir una cuenta con el mayor comprador de su región, una empresa que ya hacía grandes negocios con su competidor. Llegó justo a tiempo a su reunión con el agente de compras, pero luego se sintió angustiado por el trato que recibió.

El agente de compras no invitó a Joe a pasar adentro para hacer su presentación, sino que, de pie en el vestíbulo y mirando a su reloj, le dijo que tenía exactamente cinco minutos para explicarle por qué la empresa debía cambiar al producto de Joe, en lugar de seguir con el proveedor que ya usaba.

Joe sabía que cinco minutos distaban mucho de ser tiempo suficiente y, para empeorar las cosas, el agente de compras nunca estableció contacto con los ojos, no mostró ningún interés por lo que Joe decía y consultaba la hora cada treinta segundos. Al cabo de cinco minutos, el agente de compras interrumpió bruscamente la presentación, anunció que se había acabado el tiempo, estrechó la mano de Joe, giró sobre sus talones y se marchó.

Joe se quedó atónito. La recepcionista, quien presenció la transacción, se sentía muy avergonzada por el comportamiento de su jefe, pero no estaba en condiciones de hacer nada al respecto. Joe se fue. Si no le hubiera tomado por sorpresa y a cientos de kilómetros de casa, probablemente Cousineau ni siquiera habría hecho una presentación. Lo más probable es que hubiera preguntado al agente de compras cómo podrían acordar un mejor momento para reunirse en un lugar más eficiente.

La forma en que manejó la situación a partir de ese momento fue un ejemplo de libro de texto de «encontrar el quién» y luego *ganar sin intimidación*.

Después de regresar a su propia oficina y reevaluar la situación, Joe se dio cuenta de que no se merecía esa clase de trato. Además, decidió que tampoco estaría bien permitir que la actitud descortés y poco profesional de aquel agente de compras impidiera que la empresa de aquel hombre se beneficiara de las ventajas de los productos de Cousineau.

Joe determinó que el «quién» con el que tenía que hablar era el presidente de la empresa, y fue la próxima persona con quien se comunicó.

Una vez que tuvo al presidente de la empresa al teléfono, Joe le explicó que su producto había demostrado ser superior y superar a la competencia en condiciones y precios mucho mejores, y que había concertado una reunión a principios de semana con el agente de compras de la empresa para revisar esos puntos.

Luego explicó tranquilamente al presidente lo que había ocurrido y le dijo que la conducta del agente de compras lo había —y esta sí que es una excelente palabra— *confundido*. ¡Qué manera tan excelente de plantear la situación! Al hacerlo de esta manera, hizo recaer sobre él mismo la responsabilidad del malentendido—un clásico mensaje yo—, lo que, sin duda, tuvo que provocar la curiosidad del presidente.

Luego continuó diciendo que había decidido, antes de cerrar la posibilidad de trabajar con esta empresa, romper la cadena de mando usual y telefonear directamente al presidente.

Le dijo que era nuevo en el territorio y le preguntó si la política de la empresa era conceder a los proveedores solo cinco minutos en el vestíbulo para las presentaciones. Si no era así, ¿tenían un acuerdo especial con otro proveedor, y era ése posiblemente el motivo de su trato inusual?

«¿Fue el propósito desanimarme?». Joe formuló la pregunta con suficiente cuidado para no insinuar ninguna impropiedad entre la empresa y su actual proveedor.

El presidente le pidió a Joe que volviera a describir con precisión lo ocurrido y si había testigos. Tras enterarse acerca de la recepcionista, el presidente fue a confirmar la historia de Joe, volvió y se disculpó, y le dio a Joe una cita con él personalmente, sin que estuviera presente el agente de compras.

Cousineau preparó una transacción que, hasta el día de hoy, es la tercera mayor cuenta de la historia de esa división. También fue la venta a la que Cousineau atribuye el giro de su carrera.

En cuanto al agente de compras, el gerente decidió ponerlo en ventas, para que aprendiera lo que es recibir la clase de maltrato que había estado dando a otros.

La historia de Joe Cousineau proporciona un excelente ejemplo de «encontrar al quién», poner a esa persona de tu parte y luego *ganar con pericia y sin intimidación.*

Cómo terminar una conversación telefónica amablemente

Cuando alguien, quizá incluso un amigo íntimo o un socio, te llama constantemente y te mantiene al teléfono, ¿cómo puedes terminar la conversación de forma amable y eficaz sin ofender a esa persona?

Esto es lo que funciona para mí y también para otros que desean cortar la llamada sin interrumpir a la otra persona: interrumpirte a *ti mismo.*

¿Cómo? Como sigue:

Empieza la conversación con: «Hola, me alegro de saber de ti, estoy a punto de... (salir, reunirme con un cliente, pasar a una cita telefónica, etc.), pero tengo unos treinta segundos, ¿qué sucede?».

Puede que la persona no sea lo suficientemente sensible o consciente como para terminar en treinta segundos, aunque se lo hayas dicho con tacto. Pero eso está bien: ya has establecido la llamada con esos parámetros, de manera que en esencia te has dado permiso para acortarlo sin ser descortés. Cuando llegues al punto en el que realmente sientas que necesitas irte, espera a que termine su punto actual, entonces empieza a responderle y, tras decir unas palabras, párate: «Oh, lo siento, se me olvidaba, tengo que ir corriendo a mi... (llamado, reunión, cita de paracaidismo, cirugía radical... lo que sea). Pero ha sido un placer hablar contigo. Volveremos a hablar pronto».

Esto te dejará libre... amablemente y pronto.

Cómo sacar lo mejor de estar con alguien que no te agrada

Oye, todos somos humanos y, como lo somos, es probable que haya ciertas personas con las que simplemente no nos gusta estar. Suele ocurrir. Puede tratarse de alguien cuyo estilo de personalidad te pone de nervios. A menudo, lo apropiado es simplemente evitar a esa persona. En otras ocasiones, sin embargo, eso no va a ser tan fácil.

Por ejemplo, puede que los han juntado en el trabajo o en algún proyecto especial. O —y este es quizá el peor de los casos— la persona que no te cae bien está emparentada con alguien cercano a ti, tal vez la esposa de tu mejor amiga o el marido de tu jefa.

La mejor manera de manejar la situación es esforzarte para ayudar a esa otra persona a ajustar su estilo, sin apego emocional a los resultados. Capacitarles, sin que se den cuenta de que se les está capacitando, para hacer las cosas de un modo más positivo y agradable. Simplemente conviértelo en un juego. No a cuenta de la otra persona, por supuesto. Diviértete con ellos, los dos juntos. Sorpréndele haciendo algo correcto o inventa algo que te gustaría que hiciera bien y luego elógiale por hacerlo (aún si todavía no lo ha hecho). Aprovecha los pequeños éxitos. Empezarán a seguir haciendo aquellas cosas por las que se les recompensa verbalmente. Ya sea positivo o negativo, el comportamiento que se recompensa, se repite.

Por supuesto, debes comprender que, dependiendo de la persona, este cambio puede no producirse rápidamente y, por tanto, tomará una buena dosis de paciencia (la tuya) seguirlo. A veces, no ocurrirá en absoluto. Y cuando no ocurra, simplemente reconoce el desapego.

Puede que necesites simplemente aceptar que lo que es, es, y que ahora está teniendo lugar una experiencia de crecimiento.

Edificación

Edificar, según uno de los significados del diccionario Webster, es construir. Cuando edificas a una persona, la construyes literalmente en la mente de otros y, quizá lo más importante, también en su propia mente.

Edifica a una persona, ante otros y ante sí misma, incluso por las cosas que desearías que hiciera. Pronto empezarán a creerse su propia prensa y a adoptar los rasgos y comportamientos por los cuales se les está edificando.

Las posibles afirmaciones a continuación, aunque quizá no sean del todo ciertas en el momento en que se dicen, sin duda podrían llegar a serlo, sobre todo después de que la persona reciba esta retroalimentación positiva:

«Jim sí que es preciso a la hora de completar sus informes».

«Mary, me encanta cómo siempre tratas a las personas con un tacto tan perfecto».

«Mi cónyuge es el compañero que más me apoya en el mundo».

«Dave, algo acerca de ti: puedes ser directo, pero siempre eres justo».

Si tienes dudas sobre qué decir acerca de alguien o a alguien, ¡edifícalo!

Resolver conflictos

Uno de los desafíos más difíciles para los seres humanos es resolver los conflictos. Habrá momentos de enojo y frustración con otros, independientemente de cuál sea la relación: amigo, cónyuge, padre, hijo, compañero de trabajo. Es una de esas cosas de la vida que ocurren aunque hagamos todo lo posible por evitarlas.

¿Cómo resolvemos estos conflictos y reparamos nuestras relaciones? ¿Cómo volvemos a hablar y disfrutarnos?

El Dr. Paul W. Swets, autor del maravilloso libro *The Art of Talking so that People Will Listen*, habla de lo que él llama Resolución de Conflictos. Según el Dr. Swets, «Una vez que se ha establecido la discordia, hablar es difícil. De hecho, la discordia puede ser el resultado de hablar: compartir sentimientos hostiles u opiniones dogmáticas. Sin embargo, hablar también puede ser el mejor remedio cuando está dirigido por cuatro propósitos distintos y sus correspondientes mensajes».

Estos cuatro propósitos y sus respectivos mensajes son:

MENSAJE DE PROPÓSITO

1) Define el problema: «Escucho»

2) Busca el acuerdo: «Estoy de acuerdo»

3) Comprende sentimientos: «Comprendo»

4) Da puntos de vista calmadamente: «Creo»

El Dr. Swets explica que primero necesitamos identificar el problema o desafío. ¿Estás seguro de que ambos están disgustados acerca de lo mismo? Muchos nos hemos visto involucrados en un conflicto con alguien solo para darnos cuenta más tarde de que se trataba simple y literalmente de un malentendido. «Ella pensaba que yo había dicho *esto*, pero lo que realmente quería decir era *aquello*».

Por eso el mensaje yo del Dr. Swets para definir el problema es: «Te escucho». «Lo que te escucho decir es...». El Dr. Swets sugiere que te asegures de que has expuesto el punto a satisfacción de la otra persona antes de pasar al siguiente paso.

El siguiente paso es buscar un acuerdo. Encuentra algo en el desafío en lo que ambos estén de acuerdo. Toma la iniciativa de encontrar ese punto de acuerdo con la otra persona. Expresa el mensaje: «Estoy de acuerdo». «Estoy de acuerdo en que dije algunas cosas poco amables».

Como ya se mencionó anteriormente en el libro, encontrar un punto de acuerdo con el punto de vista de la otra persona disminuirá su mecanismo de defensa. La situación le parecerá menos amenazadora y estará más dispuesta a aceptar tu punto de vista. Una vez que hay acuerdo, se establece el fundamento para el siguiente paso.

El tercer paso consiste en comprender los sentimientos de la otra persona. Ya hemos hablado de que a todos nos gusta que nos comprendan. El Dr. Swets diría: «Comprendo que puedas sentirte...», completando la frase con una palabra que describa lo que crees que siente la otra persona. El Dr. Swets proporciona una lista de palabras que se adaptan a diversas situaciones:

Temeroso	Enojado	Ansioso	Confiado
Defensivo	Deprimido	Feliz	Herido
Consternado	Incierto	Alterado	
Preocupado			

La buena noticia es que incluso el simple hecho de dar el mensaje de que comprendes es un paso positivo. Demuestra a la otra persona que quieres comprender. Según el Dr. Swets, «Si interpretas mal el sentimiento correcto, [la otra persona] te lo dirá. Cuando lo expresas acertadamente, estableces una poderosa fuente adicional para disolver la discordia, porque la mayoría de las personas desean desesperadamente ser comprendidas al nivel de sus sentimientos.»

El cuarto y último paso consiste en exponer tus puntos de vista con calma y seguir con el mensaje correspondiente. Empieza con «Creo que...» o «Tal y como yo lo veo es...». Completa la frase con tu opinión. El Dr. Swets sugiere hacerlo con la mayor calma y brevedad posibles. Su ejemplo es: «Creo que has ignorado nuestro acuerdo previo». Otro mensaje podría ser: «Creo que necesitamos mantener abiertas nuestras líneas de comunicación».

El Dr. Swets señala un punto en particular que encaja realmente con la filosofía de ganar sin intimidar: «Cuando se emplea el modelo de Resolución de Conflictos, el enfoque de la controversia cambia gradualmente de atacarse mutuamente a atacar un problema mutuo y resolverlo».

Aprecio la sabiduría que el Dr. Swets ha compartido en su excelente libro, y te recomiendo encarecidamente que lo añadas a tu arsenal de herramientas de persuasión.

El mánager de un minuto sabe

Si alguna vez has leído ese gran clásico, *El mánager al minuto*, de los doctores Ken Blanchard y Spencer Johnson, recordarás que uno de sus consejos más famosos para que los líderes o gerentes traten eficazmente a sus empleados era: «Sorpréndelos en el acto de hacer algo bien».

Cuando sorprendes a alguien en el acto de hacer algo bien, asegúrate de reconocerlo verbalmente y de reconocerlo a él y, si es apropiado, asegúrate de que todos los demás en la oficina o en casa o cualquiera que sea la circunstancia sepan también acerca del reconocimiento.

¿No es maravilloso sorprender a un niño haciendo algo bien, y recompensarle verbalmente por ello? Los adultos prosperan con ese tipo de atención positiva tanto como los niños.

Cuando el empleado del servicio de atención al cliente atiende a la persona que tienes en frente con paciencia y consideración, hazle saber que lo has notado y lo impresionado que estás con él. Si hay otros a tu alrededor, no estaría de más que te deshicieras en elogios en voz suficientemente alta para que también los oyeran.

Una vez más, ya sea positivo o negativo, el comportamiento recompensado se repite.

Como escribir una petición para obtener acción y conseguir lo que quieres

La gente no siempre se apresura a tomar la acción necesaria para vivir de acuerdo con sus responsabilidades. En un momento u otro, todos hemos tenido que buscar a las personas por dinero que nos debían y que prometieron pagar pero nunca llegaron a hacerlo, o algo parecido. También están los que nunca planeaban pagar.

Escribes una bonita carta de pidiéndolo. No te contestan. Escribes otra. De nuevo, sin respuesta. Empiezas a escribir más severamente, luego amenazadoramente, y a partir de ahí todo va cuesta abajo.

En realidad, es mucho más fácil y económicamente más efectivo escribir una carta que obtenga el resultado que deseas. En el siguiente escenario te mostraré solo un ejemplo. Hay muchos.

Creo que a través de él te harás una idea de lo que realmente funciona. No es que vaya a funcionar siempre y con todas las personas. Algunas personas son de las que viven la vida sin realizar sus obligaciones. Pero lo normal es que funcione si la persona tiene una cantidad razonable de orgullo, respeto por sí misma y conciencia. Afortunadamente, eso describe a la mayoría de las personas.

Yo había filmado un anuncio para una compañía de producción, y aquella noche descubrí que, en algún momento del día de filmación, habían desaparecido misteriosamente un traje, dos camisas y varias de mis corbatas. Cabía la posibilidad de que otros portavoces involucrados las hubieran tomado por error, lo cual era fácil de determinar, pero las probabilidades eran escasas.

La empresa y yo discrepamos sobre de quién era la responsabilidad de proteger mis trajes de la suerte del «préstamo permanente». Después de algo de discusión, estuvimos de acuerdo en que si el otro portavoz no los tenía, la empresa y yo asumiríamos cada uno la mitad de la responsabilidad. Me enviarían un cheque por la mitad de la cantidad que costaría reponer los trajes de inmediato. Resultó que el portavoz no tenía las prendas.

La persona de la empresa que era mi enlace con los propietarios parecía demorarse bastante en el envío del cheque. Con la esperanza de seguir haciendo negocios con esa empresa, no quise ofenderles insistiendo en el pago.

Después de un par de meses, mis sentimientos empezaron a cambiar. Mi enlace no me estaba devolviendo mis llamadas, y eso me molestaba mucho. No devolverme las llamadas es una forma segura de enfadarme. Para mí, es una señal de falta de respeto. El problema realmente no era el dinero. Los trajes se pueden reemplazar. No es para tanto. Era, de hecho, el principio del asunto. Son una buena empresa, compuesta por personas que disfruté mucho de conocer y trabajar con ellas, y sentí que habían incumplido una promesa. Quizá sea mi forma anticuada de pensar, pero una promesa es una promesa.

Envié la siguiente carta, que incorporaba muchos de los principios que estamos tratando. Se enfocaba en el respeto por la otra persona y la invitaba a hacer lo correcto, a la vez que le permitía salvar las apariencias. (De manera que no sea posible reconocer a la empresa involucrada en este ejemplo, he alterado los nombres y algunos detalles. El contenido, sin embargo, es totalmente representativo de la situación y de mi carta.)

Estimado Sr. Refro;

Fue un placer conocerlos durante los anuncios que hicimos para la empresa X. Agradezco la oportunidad de trabajar con su empresa y la profesionalidad que demostró su firma.

Lamento tener que sacar a la luz un asunto que esperaba que se hubiera resuelto hace meses, y no voy a dar por sentado que usted esté al tanto de la situación. ¿Me permite explicárselo?

La noche de nuestra filmación se descubrió que uno de mis trajes, dos camisas y varias corbatas habían sido tomados inadvertidamente por alguien durante la filmación de ese día. Sin embargo, quedaba un traje extra, el cual supusimos que pertenecía al Sr. Ken Matlin, el otro portavoz.

John, mi enlace, y yo pensamos que posiblemente Ken se había llevado por error mi traje y me había dejado el suyo, ya que él tuvo que salir a toda prisa por la tarde para tomar un vuelo. Prometí enviarle el traje a Ken, lo que hice inmediatamente al regresar a Florida.

Lamentablemente, Ken no tenía mi traje, de manera que nadie llegó a descubrir lo que en realidad había sucedido.

Aunque durante los meses siguientes le recordé a menudo a John este desafío, se mostró ambiguo en su respuesta en cuanto a mis peticiones de pago. A lo largo de la planificación y grabación del anuncio, había sido maravilloso trabajar con John, un verdadero profesional, de manera que estoy seguro de que la vaguedad de sus respuestas se debe a que, a pesar de haberlo intentado diligentemente, no ha podido coordinar todas las partes necesarias.

Le recordé a John varias veces que yo estaría dispuesto a ir al 50% con su empresa en el reembolso de las prendas que faltaban. (Aunque no creo que custodiar mi ropa durante la grabación debiera haber sido mi responsabilidad, seguía —y sigo— dispuesto a dividir el costo).

Lamentablemente, aunque he seguido dejándole mensajes tanto en su buzón de voz como con Diane, su asistente, ahora me encuentro con que, para mi sorpresa, John ni siquiera me está devolviendo mis llamadas.

¿Podemos resolver este desafío para satisfacción mutua? Espero que piense, como yo, que la mejor situación es la de ganar/ganar. Espero tener noticias suyas pronto. No dude en llamarme al 1-555-1212 o enviarme un correo electrónico a bob@burg.com.

Gracias por su consideración.

Bob Burg

Si te gustó la forma en que se trató la situación, quizá quieras releer la carta unas cuantas veces, solo para captar los principios subyacentes y cómo se reflejaban en la redacción de los diversos puntos que planteaba. Probablemente notarás cómo elogiaba a su empresa, cómo reconocía su sentido del juego limpio y del honor, y cómo seguía quedando bastante claro lo que yo quería de ellos. Incluso John el enlace, que realmente es un buen tipo, fue tratado muy bien, aunque definitivamente le hice saber al jefe que John no me devolvía las llamadas. (Eso sí que es un gran problema para mí.)

¿Funcionó la carta?

Justo al siguiente día, a las 10:30 am, Federal Express me trajo mi cheque.

Tratando con las amenazas por teléfono y aclarando los problemas con el crédito

Hace muchos años, una mujer que trabajaba para mí me contó un desafío que estaba teniendo. Al parecer, los propietarios de una empresa emergente para la que había trabajado un año antes le habían pedido que pusiera su nombre en la aplicación de su teléfono celular. Aunque la mayoría de nosotros nos preguntaríamos por qué un empleador haría semejante petición, e inmediatamente sospecharíamos que algo iba mal, Sue, de buena fe, les hizo esta cortesía.

Como puedes imaginar, resultaron ser poco honorables, y cuando poco después cerraron el negocio, la dejaron con una factura de teléfono de 1.500 dólares. Sue explicó la situación a la compañía de telefonía celular, pero insistieron en que la responsabilidad de la factura era suya y solo suya. No les preocupaba en absoluto que los propietarios de la empresa no cumplieran con su obligación. En otras palabras, «No era su problema».

Porque la conocía bien, fácilmente podía creer que Sue no se estaba inventando la historia.

A lo largo del año, ella recibía facturas y pagaba todo lo que podía. Sin embargo, no estaba muy bien económicamente y pronto empezó a recibir cartas de cobro de la compañía telefónica. Finalmente, un hombre que decía ser el jefe de cobros la llamó y le dijo que pagara la totalidad de la factura o haría que el sheriff local la citara para comparecer ante el juzgado. Según este hombre, ella tendría que explicar al juez por qué no estaba pagando su deuda.

Sue me pidió que la ayudara, y yo estaba encantado de hacerlo.

En primer lugar, llamé a la empresa para ver si una simple explicación de la situación podía bastar para que dejaran de amenazarla. Aunque la mujer del servicio al cliente con la que hablé se mostró muy comprensiva y compasiva (de hecho, me explicó que muchas secretarias habían sido víctimas de esa misma estafa), no podía hacer nada al respecto, y habría que pagar la factura.

Al parecer, el hombre que había llamado antes a Sue era el que había tomado esa decisión. Le agradecí mucho su tiempo y comprensión y pedí hablar con el Sr. Gregory.

Me presenté como empleador de Sue y le expliqué que ella era una víctima. ¿Estaría dispuesta la empresa para la que él trabajaba a perdonar o al menos reducir su deuda? Se puso un poco duro conmigo, claro, porque así es como está acostumbrado a operar. Dijo que necesitaría todo el dinero ahora, o enviaría al sheriff de nuestro condado a visitar a Sue con la citación. Supongo que lo del sheriff es su vehículo habitual de amenaza.

Le contesté: «Entiendo que quiera resolver esto de inmediato. Puesto que Sue no tiene dinero y usted sabe que no se puede sacar sangre de una piedra, ¿por qué no hacemos esto? Le extenderé un cheque de mi empresa por valor de 400 dólares si, en ese momento, usted abandona todo el asunto. Por supuesto, necesito una carta firmada por usted en la que conste que ése es nuestro acuerdo».

Como ya sabes, lo que estaba haciendo era, con amabilidad y respeto, establecer con él que ahora estaba tratando con alguien a quien no iba a poder intimidar, pero alguien que seguiría trabajando con él. (Después de todo, no culpaba a la empresa por querer su dinero, e incluso estaba dispuesto a ayudar para que Sue saliera del apuro.) Simplemente ignoré su amenaza y su tono iniciales. Aunque habría sido natural reaccionar, no habría sido productivo. En lugar de eso, permitiría que mis acciones ayudaran a llegar a una conclusión mutuamente beneficiosa.

Los $400 que le ofrecí estaban muy por debajo de lo que él estaba dispuesto a aceptar, y yo lo sabía, pero quería ver en qué punto se encontraba. Una de las reglas de la negociación es ofrecer lo menos posible, porque, en primer lugar, nunca se sabe, puede que lo consigas. En segundo lugar, puede que vuelva con otra oferta. Y si baja una vez, hay muchas posibilidades de que vuelva a bajar.

Me dijo: «Si usted me paga $1.200 y me envía un cheque certificado, quedamos a mano».

Le contesté: «Oh, gracias por su oferta, se lo agradezco... Lamentablemente, tendré que rechazarla, porque sigue siendo demasiado dinero. De hecho, sé que usted sabe que obligaron a Sue a poner su nombre en el acuerdo, aunque fue su empleador quien tomó el servicio. Por lo visto, su antiguo empleador tiene algún desafío con la ética. Quizá usted deba demandarlo a él; puede que sea un poco más fácil cobrarle el dinero».

El Sr. Gregory contestó: «Esa no es nuestra política».

Respondí diciendo: «Se lo agradezco. Sabe, Sr. Gregory, tampoco es mi política pagar ni siquiera una parte de las facturas del teléfono celular del antiguo empleador de mi empleada, pero me estiraré un poco si usted también lo hace. Permítame que lo piense un día y le volveré a llamar mañana. Muchas gracias por su tiempo, sé que usted quiere resolver esto en beneficio de todos y se lo agradezco.»

Llamé a mi abogado y le pregunté qué podía esperar. Me dijo que este tipo «no era diferente de cualquier otro profesional de cobros y que intimidaría a quien le resultara más fácil». Nota: desde luego, no todos los profesionales de cobros hacen esto. Lamentablemente, debido a los que sí lo hacen, el sector se ha visto perjudicado con esta reputación. La mayoría de las agencias de cobros siguen las directrices adecuadas y realizan su trabajo de manera legal y ética. Este hombre probablemente podría conseguir el dinero, pero tendría que decidir si el esfuerzo y el dinero implicados merecían la pena. También el tiempo, ya que estaba a más de tres horas fuera de nuestro condado.

El Sr. Gregory llamó antes que yo, pero pidió hablar con Sue. La recepcionista había recibido instrucciones de transferirme su llamada si eso ocurría (llámalo corazonada), y contesté, ignorando su indiscreción.

«Hola, Sr. Gregory. Soy Bob Burg, ¿cómo está?»

«Oh, bien, Sr. Burg. Ya llegué a una decisión. Mándeme un cheque por $900 y cerramos la cuenta».

Estoy pensando, ¿de dónde ha sacado este tipo la cifra de $900? Una táctica mejor habría sido algo así como $937. Una cifra así da la impresión de que hay una razón específica; sugiere que hubo que involucrar cálculos de diversos costos y otros factores. Un número par como $900 sugiere que fue una cifra sacada de la nada. (Que estoy seguro de que es exactamente lo que era.) Sin embargo, ahora ya no importaba. Debió haber aceptado mi oferta original de $400, que sin duda era una cifra sacada de la nada.

«Sr. Gregory, de nuevo, muchas gracias por su tiempo. Agradezco su actitud positiva. Esto es lo que creo que debemos hacer».

Ahora, hagamos una pausa para que pueda explicar que lo que voy a hacer aquí mismo es una combinación de la técnica que yo llamo amenaza implícita, junto con una técnica habitual de negociación llamada «autoridad superior».

Ya me has oído usar antes la amenaza implícita. Es cuando, muy amablemente y sin poner a la persona a la defensiva, le permitimos saber que, si no accede, habrá consecuencias desagradables. Un ejemplo podría ser (con voz agradable y sincera): «Bill, he disfrutado hacer negocios contigo durante mucho tiempo y me gustaría seguir haciéndolo; no me gustaría sentir que mi negocio no vale lo que te estoy pidiendo». En *realidad* no has amenazado, pero tu intención ha quedado clara.

Con la técnica de la autoridad superior, cedes tu poder o autoridad para tomar la decisión final a otra persona, ya sea alguien de mayor posición en tu empresa, familia, etc., o alguien con mayores conocimientos. Por ejemplo: «No puedo tomar una decisión al respecto sin consultar con mi abogado». O: «Permíteme que consulte tu oferta con mi (esposa, cuñado, socio comercial, elige a quien se te ocurra) y te informaré».

Esto tiene varias ventajas, una es que siempre puedes regresar con otra oferta sin quedar como el malo de la película. Por no mencionar, la persona con la que negocias se ve en la situación de nunca saber exactamente cuál es tu posición.

Ninguno de estos dos métodos es ideal, pero a veces son apropiados, sobre todo cuando evitan que una persona poco ética se aproveche de ti.

Volvamos a nuestra conversación con el Sr. Gregory: escuchemos cómo suena la combinación de estos métodos. «Sr. Gregory, de nuevo, muchas gracias por su tiempo. Aprecio su actitud de ganar/ganar. Esto es lo que creo que debemos hacer. Después de consultar con el abogado de mi empresa, que sin duda sabe mucho más de la ley que yo, me sugirió encarecidamente que no pagara nada de esta factura, y sugirió lo mismo para Sue. Usted representa a una buena empresa con una excelente reputación. El hecho es que todos sabemos que las personas que acumularon la cuenta deben ser las responsables de pagarla. Esto es lo que haré por usted:

«Le daré el número de teléfono de mi abogado. Dijo que estaría encantado de hablar con usted. Lamentablemente,

Sr. Gregory, él no tiene la actitud de ganar/ganar que tenemos usted y yo. Es uno de esos tipos que prefieren pelearse antes que resolver las cosas como caballeros, como usted y yo creemos que hay que hacer. Vaya, lo he visto demorar las cosas más, escribir cartas a los presidentes de las empresas, al Better Business Bureau, a los periódicos, etc.

«Sinceramente, puede resultar un poco antipático, pero puede que le guste hablar con él y averiguar cuál es su postura en este asunto. Si desea, puedo llamarle en su nombre y pedirle que le hable ahora mismo».

El Sr. Gregory me dijo que no sería necesario, que él mismo se pondría en contacto con él si lo consideraba necesario.

Sue recibió poco después una carta de la empresa en la que se le informaba de que los aproximadamente 1.500 dólares que debía habían sido borrados de sus computadoras.

No puedo insistir lo suficiente en que el arte de la persuasión, si se aplica de forma correcta y persistente, saldrá a tu favor la mayoría de las veces.

Francamente, yo habría estado más que dispuesto a pagar los 400 dólares que ofrecí en un principio, solo para ayudar a Sue. En lugar de eso, todo salió de manera que Sue quedó libre de responsabilidad y yo no tuve que pagar ni un centavo.

Reconciliarse es (no necesariamente) difícil

Hay ocasiones en las que puedes necesitar romper la cadena de mando para llegar a la persona que puede hacer una compra grande de tus productos, y el éxito de tu venta puede hacer que tu primer contacto se resienta. Sin embargo, sigue siendo conveniente que te hagas amigo de esa primera persona, porque aún podría desempeñar un papel importante en tu relación con esa empresa.

Permitir que una persona salve las apariencias después de que hayas pasado por encima de ella y ganado la batalla, puede desempeñar un papel importante en la fluidez de tu relación con ese nuevo cliente. La próxima vez que lo veas o hables con él, agradécele su ayuda o contribución para conseguir la venta.

«Frank, te agradezco mucho tu ayuda» o «Mary, te agradezco tu apoyo y estoy deseando trabajar contigo en los próximos meses». Eso es todo lo que necesitas decir.

Lo sé, Mary no tuvo absolutamente nada que ver con el éxito de tu venta. Tienes razón. Ella lo sabe. Tú lo sabes. Y ella sabe que tú lo sabes. Sin embargo, al permitirle salvar las apariencias, proteges su ego, te muestras como una persona con clase y digna de confianza, y le das una buena razón para esforzarse más por ayudarte a partir de ese momento.

Según mi experiencia, esa persona estará de tu lado con una lealtad que es verdaderamente una ventaja.

El único caso en el cual esto no funcionará es el que se remonta a algo de lo que hemos hablado antes: «No puedes discutir con una persona loca». Si la otra persona es irracional y está totalmente ofendida por tus acciones, probablemente no se pondrá de tu parte, al menos no de inmediato. Solo tendrás que asegurarte de que tus otras relaciones dentro de esa organización son aún más sólidas, de manera que no haya forma de que entre en juego el sabotaje.

Por lo general, eso no supondrá ningún desafío. Permitir que esa persona salve las apariencias después de que hayas pasado por encima de ella y hayas ganado, generalmente hará que se ponga de tu lado.

Las seis palabras mágicas que prácticamente siempre te conseguirán lo que quieres

Yo había cambiado mi vuelo por teléfono la noche anterior. La operadora me aseguró que me había eximido del cargo de 75 dólares por cambiar los boletos, pero la mujer que estaba en el mostrador la tarde siguiente me contaba otra historia.

Yo no quería reaccionar discutiendo, gritando y exigiendo. Eso no solo no habría servido de nada, sino que mis maletas podrían haber sido desviadas a Tahití... ¡y yo me dirigía a casa, a Florida!

Yo necesitaba responder manteniendo la calma y pensando antes de hablar.

«Seguro que he entendido mal», admití. «La persona que me atendió por teléfono fue muy servicial. Aunque me aseguró que no me cobrarían ese dinero, me doy cuenta de que a usted esto le ha puesto en una situación difícil, y le pido disculpas por ello.» Al oír aquello, el agente del mostrador empezó a relajarse, volviéndose más amable.

Entonces dije lo que yo llamo las *seis palabras mágicas* que —suponiendo que hayas sido amable y cortés— generalmente incitarán a una persona a hacer todo lo posible por ayudarte:

Si no puede hacerlo, definitivamente comprenderé.

Después de hacer una pausa de unos segundos, le dije: «Si puede, se lo agradeceré». Si lo consideras oportuno, incluso puedes añadir: «No quiero que se meta en un problema por esto».

Después de revisar su computadora, respondió: «Esta vez lo haré por usted».

Trata a las personas con el debido respeto. Comprende sus inquietudes y desafíos. Hazles saber lo que quieres que hagan. Usa las seis palabras mágicas: *Si no puede hacerlo, definitivamente comprenderé.* Gana *sin* intimidar.

Un agente del mostrador de mi aeropuerto local siempre trata de atenderme, porque sabe que conmigo siempre está en un lugar seguro. Está con una persona que muestra respeto y parece entender por lo que está pasando.

No es de extrañar que *siempre* me consigue lo que le pido.

CAPÍTULO

7

El arte de la persuasión en acción

Regresemos a la amenaza implícita (pero amable)

Hay ocasiones en las que tenemos que permitir que la persona sepa que estamos en serio y que queremos estar satisfechos en nuestra búsqueda de lo que sea que necesitemos o queramos.

Hablaba en una conferencia empresarial sobre el tema de la creación de redes empresariales y la creación de referidos ilimitados y casi al final de la charla compartí algunos de los principios y metodologías que tratamos en este libro.

Poco me imaginaba que una pareja del público los aplicaría tan pronto.

Al día siguiente, un matrimonio me contó lo siguiente: Mientras asistían a la conferencia, al Sr. y a la Sra. Michelson alguien se había llevado una pequeña cantidad de joyería de su habitación de hotel. Cuando llamaron al gerente, al principio se mostró distante y les dijo que simplemente «presentaran una queja por escrito».

El Sr. Michelson, que acababa de salir de mi seminario, respondió muy tranquilo: «Sabe, podría hacerlo, y le agradezco su sugerencia. En realidad, deseaba no tener que mencionar el nombre de su hotel. Formo parte de una convención de 2.000 personas, y se supone que debemos informar de cualquier cosa así a nuestro planeador de reuniones. Sin embargo, me incomoda mucho sacar a relucir el nombre de su hotel, porque hasta ahora habíamos disfrutado mucho de nuestra estancia.»

Aunque no conozco todos los detalles del asunto, sé que a partir de ese momento el gerente tomó la iniciativa de ser parte de la solución en lugar del problema, y que al Sr. y a la Sra. Michelson no se les cobró la habitación.

Siguieron aplicando estos principios expresando su agradecimiento al gerente por su ayuda y consideración, y haciéndole saber que estarían encantados de compartir la historia de su actitud servicial con el organizador del evento.

El arte de persuasión funciona, consistentemente y con frecuencia inmediatamente.

Escaparse de una multa

¿Te ha parado alguna vez la policía? Seguro que puede asustar. ¡Ah, no! ¿Tengo mi licencia para manejar? ¿Tengo el seguro del auto al día? ¿Cuánto me va a costar este asunto? ¿Tendré que asistir a clases sobre cómo manejar con más cuidado?

Sea cual sea el motivo, que te paren las luces intermitentes puede sacudir a cualquiera. He notado que las personas afrontan esta situación de tres maneras distintas.

Algunos hablan mal e insultan al agente de policía. Siempre me asombra ver esto. Esa forma de actuar dará como resultado que te pongan la multa, si no es que te metan en la cárcel, y desde luego que no tendrás a ese agente de tu lado si alguna vez necesitas su ayuda en el futuro.

Otros no dicen ni una palabra y simplemente aceptan la multa.

Una tercera opción es hacer todo lo posible por emplear el arte de la persuasión para evitar que te pongan la multa. Puedes adivinar qué opción elijo yo.

Supongamos que te han parado por exceso de velocidad. Esta primera parte la aprendí de un cliente mío que antes era policía. Me dijo que, una vez que hayas parado tu automóvil, debes encender la luz interior (si ocurre de noche) y colocar las manos en el volante en la posición de las diez o las dos. No hagas ningún movimiento brusco ni te bajes del automóvil.

El mayor temor de un agente de policía es que el conductor saque un arma y dispare mientras el agente se acerca al vehículo. Con la luz interior encendida y tú en la posición correcta, el agente puede ver que no eres una amenaza y muestras el debido respeto. Le estás facilitando su trabajo.

Cuando el agente te pida la licencia y la matrícula, un simple «Sí, señor» es un buen comienzo.

Es probable que el agente te pregunte si te das cuenta de que ibas con exceso de velocidad. Puede que incluso te diga voluntariamente algo como: «Te he registrado a 125 en una zona de 100 km por hora».

Lo mejor es no dar excusas, sino admitir la culpa. «Oficial, creo totalmente que iba a esa velocidad, aunque no me di cuenta hasta que vi sus luces. No tengo excusa. Por mucho que odie que me multen, la culpa es mía».

Al usar este enfoque, acabas de hacer lo mejor posible para presentar tu caso al agente. Eres culpable. Tú lo sabes, y el oficial de policía también. Han oído más excusas que un profesor de sexto grado acerca de por qué Bobby no hizo su tarea, otra vez, y no se las creerán más de lo que se las creyó el profesor de Bobby. Al ser honesto, acabas de aumentar las probabilidades de que el policía no quiera realmente imponerte una multa.

Si en este punto sigues pensando que necesitas persuadir un poco más, podrías decir: «Agente, definitivamente hice lo incorrecto. Esto no es algo que haga habitualmente, y me pregunto si hay alguna posibilidad de que no me pongan una multa, o tal vez solo una advertencia». Entonces vuelve a las ocho palabras mágicas:

Si no puede hacerlo, definitivamente comprenderé.

Lo has hecho todo correctamente, has mostrado un respeto absoluto y, si el agente puede ahora justificar la situación en su propia mente, hay muchas probabilidades de que no te pongan la multa. A mí me ha funcionado cuando he pisado demasiado el pedal o no me he detenido por completo en un alto, y a muchos otros les ha funcionado. No te recomiendo que cometas ninguno de estos errores. Son ilegales y están mal... y como somos humanos, ocurren. Y cuando ocurre, sigue siendo preferible no recibir una multa, siempre que aprendamos de nuestro error y hagamos todo lo posible por no repetirlo.

En una ocasión en que este método no funcionó, el oficial, un tipo realmente agradable, me dijo que por mucho que apreciara mi actitud, él nunca se retracta de multar a alguien si comete una infracción. Yo había cometido una infracción. Me puso una multa.

Al menos fue honesto y amable, y casi me sentí bien por la multa... *casi*.

Siente, sintió, encontró

Una de las técnicas de venta más conocidas es el famoso «siente, sintió, encontró». Cuando un posible cliente tiene una objeción basada en una idea preconcebida, y tú sabes que está equivocado, pero también sabes que decírselo solo le ofenderá y le mantendrá más firme en su creencia, expones tus argumentos de otra forma. Ahí es donde entran en juego sentir, sintió y encontró.

Podría ir algo así: «Sra. Prospecto, comprendo cómo se *siente*. Muchas personas en su situación se *sintieron* exactamente iguales. Sin embargo, al investigar más a fondo, *encontraron* que...» y luego terminas la frase con lo que sea apropiado.

Es especialmente poderoso cuando te incluyes a ti mismo en el descubrimiento.

«Comprendo cómo se *siente*. De hecho, yo *sentí*...» (recalcando «yo» en lugar de «muchas personas» como hiciste antes) «... Yo *sentí* exactamente lo mismo. Lo que *encontré* es...» y luego completa tu pensamiento en positivo.

La técnica de sentir, sentí/sintió, encontré/encontró también funciona bien en el arte de la persuasión.

La persona con la que hablas dice: «¡Esa no es nuestra política y no me gusta ir en contra de la política!». Podrías responder diciendo: «Entiendo perfectamente cómo se siente. Yo siento lo mismo acerca de nuestra política como un fundamento excelente. Lo que he encontrado es que cuando utilizo la política como una guía fundamental —como un *debería* en lugar de un tiene que— nuestros clientes están más contentos y el negocio produce muchas más ganancias.

Puede que aún no hayas hecho cambiar de opinión a esa persona, pero ahora estás en condiciones de ayudarla sin que se sienta manipulada o forzada.

A propósito de esto, hay un peligro al utilizar el «*siento, sentí, encontré*» que hay que considerar: a estas alturas, tantas personas han aprendido este enfoque que cuando dices esas palabras exactas y las reconocen, pueden sentirse «tecnificadas». Si eso ocurre, se rompe la confianza y el efecto será el opuesto al que deseas.

Así que, en lugar de eso, tal vez quieras usar alguna frase alternativa que siga la misma idea general pero que no se adhiera estrictamente al uso de esas tres palabras. Por ejemplo: «Eso tiene mucho sentido. Me identifico con ello (entiendo cómo te sientes). He tenido ese mismo pensamiento que acabas de expresar (me he sentido igual). Resulta que... (lo que he encontrado es)».

La carta diplomática de Lincoln acerca de su desagrado

Otro libro que recomiendo encarecidamente es *Lincoln on Leadership* de Donald T. Phillips. Este libro inspirador y muy práctico muestra la absoluta maestría del presidente Lincoln en el arte de la persuasión.

Hombre de mucho tacto y humildad, Lincoln comunicaba su punto de tal manera que uno no podía sentirse ofendido, ni siquiera por la severa crítica del presidente. La siguiente es una carta que Lincoln escribió al general Joseph Hooker, inmediatamente después de que Hooker fuera asignado a su nuevo puesto. En realidad, Lincoln entregó esta famosa carta al general inmediatamente después de una reunión entre ambos.

Mayor General Hooker: General.

Lo he puesto a usted al frente del Ejército del Potomac. Por supuesto, lo he hecho por lo que me parecen razones suficientes. Y, sin embargo, creo que es mejor que sepa que hay algunas cosas en las cuales no estoy del todo satisfecho con usted. Creo que es usted un soldado valiente y hábil, lo cual, por supuesto, me gusta. También creo que usted no mezcla la política con su profesión, en lo cual está en lo correcto. Usted tiene confianza en sí mismo, lo cual es valioso, si no una cualidad indispensable. Es usted ambicioso, lo cual, dentro de los límites razonables, hace bien en lugar de mal. Pero creo que durante el mando del Ejército por parte del Gral. Burnside, usted tomó el consejo de su propia ambición y frustró al general todo lo que pudo, en lo cual le hizo un gran daño al país y a un muy meritorio y honorable hermano oficial.

He oído, de tal manera que puedo creerlo, que usted dijo recientemente que tanto el Ejército como el Gobierno necesitaban un Dictador. Por supuesto que no fue por esto, sino a pesar de ello, por lo que le he dado el mando. Solo los generales que obtienen éxitos pueden poner dictadores. Lo que ahora le pido es un éxito militar, y arriesgaré la dictadura. El gobierno lo apoyará hasta el límite de sus posibilidades, que no es ni más ni menos de lo que ha hecho y hará por todos los comandantes. Mucho me temo que el espíritu que usted ha contribuido a infundir en el Ejército, de criticar a su Comandante y retirarle la confianza, se vuelva ahora contra usted. Le ayudaré tanto como pueda, a sofocarlo. Ni usted, ni Napoleón, si estuviera vivo de nuevo, podría sacar algo bueno de un ejército, mientras tal espíritu prevalezca en él. Y ahora, cuídese de la temeridad.

Cuídese de la temeridad, pero con energía, y vigilancia insomne, siga adelante, y denos victorias.

Con toda mi sinceridad,

Lincoln

Yo podría leer esa carta cien veces y no cansarme de ella.

Lincoln permitió magistralmente que Hooker supiera que no estaba nada contento con lo que había hecho, pero antes —y a lo largo de toda la carta— alabó los muchos atributos del general.

Me encantó la parte en la que reprendió a Hooker por expresar su creencia en la dictadura. «Solo los generales que obtienen éxitos pueden poner dictadores». En otras palabras, hablar es barato, Joe. Guárdese para usted sus pensamientos insensatos y demuestre a todos que realmente puede ganar.

Lo que funciona en una carta también puede funcionar por teléfono o en persona. Antes de criticar, enfócate en los puntos fuertes de la otra persona. Hazlos valer antes de la crítica, y también después. Como hizo Lincoln con tanta pericia —en todo momento y durante aquella carta al general Hooker—, termina haciendo saber a la persona que le apoyas hasta el final y que confías plenamente en sus capacidades.

Hablaremos más acerca del sabio y diplomático decimosexto presidente. En lo que a mí respecta, el libro *Lincoln on Leadership* es una lectura obligada para cualquiera y para todos los que estén verdaderamente interesados en dominar este tema.

Enfócate en sus similitudes en vez de sus diferencias

Todos somos diferentes, pero en realidad somos muy parecidos. Cuando dos personas intentan conseguir lo que quieren el uno del otro, suelen ver más diferencias que similitudes. Pero cuando puedes enfocarte en las similitudes y sacarlas a relucir, estás un paso más cerca de dominar el arte de la persuasión.

Abraham Lincoln tenía profundas diferencias personales tanto con su secretario de guerra, Edwin Stanton, como con su secretario de estado, William Seward. Para mostrarte qué clase de hombre era Lincoln: había contratado a ambos para sus puestos a sabiendas de la falta de aprecio y la absoluta falta de respeto que ambos le tenían. Seward incluso intentó descaradamente socavar al presidente y sus decisiones en varias ocasiones. Ninguno de los dos creía que Lincoln estuviera calificado ni que fuera competente para dirigir el país a través de la crisis. Pero cada uno era el hombre mejor calificado para el puesto.

Lincoln observó lo bueno de ambos, las similitudes que él tenía con ellos. Descubrió que había muchas, incluyendo un amor perdurable y un profundo compromiso con su país. Empezó a dedicar más tiempo a conocer a cada uno y a hacer que ellos lo conocieran a él. Pudo convertirlos en dos de sus aliados más cercanos y leales. ¡Eso es un líder!

¿Recuerdas el dicho: «La persona poderosa es la que puede controlar sus emociones y hacer de un enemigo un amigo»? Una de las muchas citas atribuidas al Sr. Lincoln que siempre me ha gustado es: «Ese hombre no me simpatiza mucho. Tendré que llegar a conocerlo mejor».

Cuando entres en una transacción con alguien a quien intentas ganarte, estira tu mente y tu imaginación para enfocarte en sus similitudes y, lo que quizá sea aún más importante, haz que la otra persona también sea consciente de ellas.

Esto se remonta al establecimiento de una buena relación, y les mostrará a ambos dónde tienen realmente en mente los mismos o similares objetivos y resultados. Una vez que puedan enfocarse en esos objetivos mutuos, los desafíos individuales comenzarán a resolverse de forma natural y automática.

Explicaciones de terceros para cambiar la forma de pensar de otra persona

Como a nadie le gusta que lo corrijan, hacer una crítica directa a alguien —a menos que el nivel de autoestima de esa persona esté en torno al nivel «excelente»— probablemente supondrá un golpe para su ego, que lo hará más reacio al cambio.

¿Cómo corriges a alguien de tal manera que consiga salvar las apariencias y no acabe sintiéndose a la defensiva? La «explicación de terceros» es muy efectiva en este caso. Basta con que cuentes una historia en la que te pongas en el papel de la otra persona y en la que te corrija una tercera persona conocedora.

Supongamos que tu asistente se ha tardado en ponerse al día en cuanto a los métodos más actuales para usar la computadora de la empresa, y eso te está costando tiempo y dinero. Podrías insistir en que venga y aprenda lo que necesita saber en su tiempo libre, o de lo contrario perderá su trabajo. ¿Aumentará eso su lealtad hacia ti y mejorará su rendimiento laboral? Probablemente no.

Tú eres el jefe, podrías despedirle. Sin embargo, en todos los demás aspectos es excelente, y te parece casi indispensable. Te conoce y sabe lo que te agrada. Es agradable con tus clientes, y a ellos les agrada y se sienten cómodos con él.

Así que sí, podrías despedirle, pero preferirías encontrar la manera de convencerle de que haga lo necesario para dominar los métodos más nuevos para aprender a utilizar esa computadora.

Vamos a intentar la explicación de terceros.

«Roger, cuando empecé en esta empresa, tuve un verdadero desafío. Algunos de los nuevos métodos que se estaban implantando realmente me intimidaban. Mi jefa, Mary James —a la que respetaba mucho y que sé que apreciaba de verdad mi trabajo— me dijo: 'Sabes, Bob, tu valor para la empresa aumentará mucho si consigues dominar este nuevo material. Después de todo, hay muchas personas recién salidas de la universidad que ya saben estas cosas, y la mejor manera de mantener y aumentar tu valor dentro de la empresa es hacer lo que tengas que hacer para mantenerte al día».

¿Qué sucedió aquí?

Transmitiste tu punto, pero nunca ordenaste a Roger que hiciera lo que era necesario. Simplemente relataste, contigo mismo como el blanco lo que probablemente ocurriría con respecto a su valor para la empresa, dependiendo de la acción que decidiera tomar.

Cuando alguien a quien amas no está haciendo lo necesario para mejorar su índice de éxito a la hora de lograr sus objetivos en la vida, podrías decirle: «Oye, necesitas leer más libros y rodearte de gente de mejor calidad». O podrías intentar algo más efectivo, la explicación de terceros. «Sabes, un hombre de mucho éxito llamado Charlie Jones me dijo una vez: 'eres igual hoy que lo que serás dentro de cinco años, excepto por dos cosas: ¡las personas que llegarás a conocer y los libros que lees!'».

Un hombre a quien admiro mucho me dijo una vez: «Cuando se trata de persuadir a otra persona de tu punto de vista, la explicación de terceros llegará mucho más lejos que simplemente decirle a una persona lo que tiene que hacer».

A propósito, ¿no fue eso una explicación de terceros?

Acepta la culpa y da el mérito

Puede que seas un líder o gerente que busca lograr el éxito de un equipo en un proyecto a largo plazo. Casi siempre te beneficiará que te conozcan como un líder que no tarda en aceptar la culpa de los fracasos y enseguida otorga el mérito de los éxitos.

Todos conocemos a gerentes o supervisores cuyos equipos se esclavizan, pero ellos se toman el mérito. ¿Inspira eso a las tropas a trabajar horas extras en futuros proyectos? ¿Fomenta su lealtad?

No, no lo hace.

¿Qué si a los miembros del equipo les toca sentir el orgullo de que se les reconozca su mérito? ¿Qué te parece saber que pueden esforzarse e incluso cometer errores sin que se les llame públicamente la atención, porque están seguros contigo al frente?

Es difícil hacer grandes avances sin unos cuantos fracasos de los cuales aprender, ¿verdad? Saber que el líder está con ellos y para ellos en todo momento da a las personas la oportunidad de crecer, trabajar más duro y producir resultados más beneficiosos para el equipo. Si el líder acepta la culpa públicamente y les da el mérito públicamente, su motivación e incentivo se multiplican por cien.

Como dice el refrán: «Es asombroso lo que puedes lograr si no te importa quién se lleva el mérito». Como líder, ¿qué quieres más, la victoria o el mérito? Lo paradójico es que, cuando haces esto consistentemente acabarás obteniendo incluso más mérito del que tendrías de otro modo. Este fue otro aspecto en el que se destacó Abraham Lincoln.

Según Donald T. Phillips en *Lincoln on Leadership*, durante el último discurso público del presidente antes de su asesinato, exclamó a la multitud: «Ninguna parte del honor, por planear o ejecutar, es mía. Todo pertenece al general Grant, a sus hábiles oficiales y a sus valientes hombres».

Todos saben lo duro y hábilmente que trabajó Lincoln durante la guerra. Asimismo, las personas sabrán acerca de tus esfuerzos. Cuanto menos te felicites a ti mismo, más seguirá haciéndolo tu reputación por ti a los ojos tanto de tu equipo como del público.

Ser desairado o irrespetado

Cuando alguien a quien vas a volver a ver te hace un desaire o actúa de forma irrespetuosa, puedes sentir que es algo que no puedes o no debes ignorar. Aun así, una confrontación personal puede no lograr los resultados deseados. Cuando este sea el caso, no le llames la atención en ese mismo momento. En lugar de eso, mantén una actitud positiva y, a partir de ese momento, sigue siendo amable y muestra simplemente «señales sutiles» de desagrado.

Tomemos el caso de una mesera de un restaurante nuevo que yo había estado frecuentando desde que abrieron. Yo siempre la había tratado con respeto, como intento hacer con todos, y siempre había dejado propinas generosas. Pero su servicio y su actitud empezaron a cambiar de forma negativa, lo cual afectaba mi experiencia cuando comía. A partir de entonces, seguí mostrando el mismo nivel de respeto y amabilidad, pero fui un poco menos extrovertido y receptivo, y le dejaba una propina significantemente menor.

Ella reaccionó y cambió pronto.

No creo que fuera solo el hecho de haber disminuido la propina, aunque estoy seguro de que eso llamó su atención. Las personas perciben cuando no te estás comportando de la misma manera con ellas, sobre todo cuando normalmente eres amable y halagador. Si sigues siendo amable, pero renuncias a otras cualidades que sueles mostrar, entenderán que algo va mal y normalmente lo corregirán por sí mismos.

Si te preguntan directamente: «¿Pasa algo?», tienes la oportunidad de explicárselo de forma muy amable. (Y, por cierto, es una ocasión perfecta para usar el mensaje yo que hemos tratado antes.)

Quizá te preguntes: «Si alguien hace algo que te molesta, ¿por qué no se lo haces saber en ese mismo momento, en lugar de andar con rodeos?».

La respuesta es que, dependiendo de la situación, hacérselo saber en ese mismo momento puede no ser la acción más eficaz. Hay ocasiones en que sí lo es, y si es así, por supuesto, toma las medidas correctas de inmediato y sé respetuosamente directo. Sin embargo, cuando sospeches que hacerlo así no será tan productivo, o no creas que la persona será capaz de manejar la situación sin ponerse a la defensiva, entonces puedes emplear este enfoque más sutil e indirecto. La mayoría de las veces funcionará.

Persuadir utilizando una fuente frente a la otra

¿Recuerdas cuando, de niño, utilizarías a uno de tus padres frente al otro al negociar un determinado resultado? Decías: «Mamá, ¿puedo ir a casa de Joey?». Tu mamá te decía que le preguntaras a tu papá. Así que irías a ver a tu padre, pero en vez de preguntarle: «¿Puedo ir a casa de Joey?», si eras ingenioso, decías: «Papá, le he dicho a mamá que voy a ir a casa de Joey, y ella solo quiere que primero me des tu aprobación».

Posiciona las cosas de forma un poco diferente, ¿no? ¿Adivina qué? También puedes usar ese método de adulto. Cuando yo era conductor de un noticiero en la televisión, era conocido por mi habilidad para conseguir comentarios en directo de personalidades que normalmente no querían hacer ningún comentario. Y, desde luego, yo no era periodista, sino simplemente un buen lector de noticias. Hay una gran diferencia.

Por el otro lado, la reportera con la que trabajaba, Jackie, era una periodista excelente, con un profundo conocimiento de los temas actuales y una gran capacidad para elaborar un reportaje que realmente educara e involucrara a las personas. La broma entre nosotros era que Jackie nunca podía entender cómo alguien como yo, con un desconocimiento tan asombroso del periodismo, podía conseguir que prácticamente cualquiera hablara con él.

¿Cómo? Simplemente usaba la técnica de utilizar una fuente frente a la otra.

He aquí un ejemplo: El alcalde Hyman solía estar de un lado de un asunto y el comisario Balbontin del otro. Ambos se negaban a ser entrevistados por los medios de comunicación. Yo tomaba el teléfono y llamaba primero al alcalde Hyman. Con un tono de indignación en la voz, le diría: «Sr. Alcalde, este asunto lo están escuchando muchas personas, y de ninguna manera le daré tiempo de aire al comisario sin que usted tenga la oportunidad de exponer su posición al respecto. De ninguna manera». Me daría las gracias y estaría de acuerdo en salir al aire.

Yo entonces podía decirle al comisario que el alcalde había tenido la oportunidad de exponer su punto de vista, y que «no para nada lo permitiría sin darle a usted, Sr. Comisario, la oportunidad de hacer lo mismo. Solo es justo».

Puedes hacer lo mismo en prácticamente cualquier área de la persuasión:

«Sra. Prospecto de Ventas, vamos a lanzar nuestro producto en su zona a partir del mes que viene, y me niego totalmente a presentárselo a su competencia sin darle a usted al menos la oportunidad de conocerlo también».

Asegúrate de elegir la situación correcta para usar esto. No funcionará a menos que el escenario sea correcto, con dos o más personas a las que pueda afectar por igual.

En las circunstancias correctas funciona a las mil maravillas.

Ganar con intimidación (solo como un último recurso, por supuesto)

De vez en cuando surge una situación en la que la única manera de conseguir lo que quieres es intimidar a la persona correcta en el momento correcto. No es algo que me encanta hacer, pero si no hay otros remedio y el tiempo apremia, haces lo que tienes que hacer.

Me dirigía al aeropuerto local para hacer un comentario rápido ante la cámara con el entonces gobernador Bob Graham. Sorprendentemente, mi camarógrafa y yo éramos los únicos medios de comunicación que estábamos allí, pero supongo que los otros pensaban que harían sus entrevistas en la gran reunión a la que él se dirigiría esa misma tarde. Con la cámara en la mano, fuimos a recibir su avión privado.

Desafortunadamente, no podíamos averiguar dónde aterrizaba. Evidentemente, esta información no era del conocimiento público ni de los medios de comunicación. Vimos un automóvil en una intersección y preguntamos a las personas que iban en el automóvil si sabían dónde aterrizaría el avión del gobernador. Nos aseguraron que no tenían ni idea, pero algo me decía que no estaban siendo 100% sinceros.

No perdimos de vista su automóvil y les seguimos hasta el punto de aterrizaje. Cuando nos paramos, la persona que estaba al mando —la misma que nos aseguró que no tenía ni idea de lo que estaba ocurriendo— admitió: «Sí, es el avión del gobernador, pero no planeaba hacer ninguna entrevista hasta esta noche».

Como muchas personas, detesto que me mientan, así que era imposible que no me concedieran la entrevista, y que me la concedieran ahora mismo.

Todavía intentando ser amable, le dije: «Bueno, le agradeceríamos que nos concediera una breve entrevista, si es tan amable de organizarla». Me contestó condescendiente que acababa de decir que eso no estaba planeado, pero que les complacería dárnoslo esta noche. Sabiendo que no le iba a interesar el hecho de que ahora yo quería una exclusiva, sobre todo porque me había ido a toda prisa al aeropuerto cuando ninguno de los otros lo había hecho, no me tomé la molestia de mencionarlo. Dije: «Bueno, permitamos que el gobernador tenga la oportunidad de decir a sus electores lo feliz que está de estar en esta magnífica ciudad, y luego le haré una pregunta rápida acerca de su discurso de esta noche». Su respuesta, con un toque de superioridad en la voz, fue: «Bueno, eso dependerá del gobernador, ¿verdad?».

Ahora era ocasión de ganar *con* intimidación, porque era la única opción que yo veía que funcionaría. Miré a mi camarógrafa y le dije: «Ellen, pon la cámara en marcha ahora mismo. Conseguiremos una buena toma del avión aterrizando y del gobernador saliendo y pasando junto a nosotros hacia su automóvil, negándose a dirigirse a los ciudadanos de esta zona. Y tendremos la cámara y el micrófono allí mismo, de manera que los espectadores puedan formar su propia opinión sobre su silencio».

Aquello era una amenaza ridícula y sin sentido, si es que alguna vez la hubo. Yo sabía también que les resultaría más fácil poner al gobernador delante de la cámara para que dijera unas palabras que explicarle más tarde por qué permitieron que un reportero cretino como yo causara algún tipo de problema. No había ninguna razón para que no hiciera una entrevista rápida. Su asistente solo estaba haciendo gala de su poder. (Ego, ¿recuerdas?) El hombre se presentó a su jefe en el avión y obviamente le dijo la cosa correcta, porque el gobernador caminó hacia nosotros, todo sonrisas. Fue muy amable.

Fue una entrevista fácil, conseguimos nuestra historia, él se vio muy bien y todos vivimos para siempre felices.

A veces es necesaria una ligera intimidación. Sin embargo, prefiero enormemente usarla solo como último recurso. Preferiría haberme ganado a ese asistente con amabilidad, y luego haber estado en condiciones de tenerlo de mi lado más adelante si lo necesitaba.

Afortunadamente, nunca se necesitó. Pero, ¿cómo se puede saber con seguridad? Además, simplemente es agradable poder ser amable.

Sacar lo mejor de una situación incómoda

Después de la entrevista en la pista de aterrizaje que acabo de describir, el gobernador charló con nosotros y nos pidió nuestras tarjetas de presentación: la mía y la de Ellen. No sé por qué, posiblemente para darnos un sentimiento de importancia. Después de todo, era a las personas como nosotros —la prensa— a las que quería tener de su parte. No es de extrañar que fuera un político exitoso. Más tarde se convirtió en senador de EE. UU. y sigue siendo popular hoy en día.

Él sacó lo mejor de una situación incómoda tanto para él como para su asistente. Por todo lo que el gobernador sabía o le habían contado acerca de la situación, yo era un periodista que quería perjudicarlo. No lo era, pero probablemente eso fue lo que le dijo su asistente.

Sin embargo, el gobernador quería hacer lo mejor: convertir a un enemigo potencial en un amigo. Ese alguien que entiende el arte de la persuasión.

Sé consistente en tus acciones

La consistencia de acción es una parte importante del repertorio de todo persuasor poderoso. Después de todo, vivimos en un mundo muy inconsistente, lleno de personas muy inconsistentes. Todos conocemos a personas que son la tanto frías como calientes. Un día son «así» y al siguiente son «asá». Eso hace la vida mucho más difícil a todos los que les rodean.

Puede que simplemente esté describiendo su personalidad. Un minuto es la persona más simpática del mundo, y al siguiente, es prácticamente un monstruo. Un minuto dice una cosa y al siguiente parece haber cambiado totalmente de mente. Estos tipos son irritantes en el mejor de los casos, y casi imposible relacionarse con ellos (o trabajar para ellos) en el peor. Nunca sabes a qué atenerte con estas personas.

Por otro lado, ¿qué de las rocas del mundo, esas personas raras que son consistentemente constantes, que han sido, son y serán siempre las mismas? No de forma aburrida, sino consistente. Es reconfortante estar cerca de esas personas, ¿verdad?

La autoridad negociadora Roger Dawson sugiere que esto fue exactamente lo que hizo que Ronald Reagan fuera tan popular y tuviera tanto éxito como político. Era consistente. Podías contar con él. Las personas sabían cuál sería su postura ante cualquier cuestión que se planteara. Independientemente de que estuvieran o no de acuerdo con su punto de vista, las personas se sentían seguras de él como líder.

Lo que defendía ayer era lo que defendía hoy y lo que defendería mañana. Yo estaba viendo un reportaje en el que aparecían los discursos que el presidente pronunció cuando era candidato a gobernador de California, unos veinte años antes. Sus palabras eran casi exactamente las mismas entonces que durante su campaña a la presidencia. Las personas se rieron de ello, como si le hubieran «descubierto». Pero fue precisamente esa la razón de su éxito. Las personas de cualquier ideología política siempre sabían cuál era la postura del Sr. Reagan.

Es lo mismo que el niño pequeño que solo puede comer un trozo de chocolate de postre o que solo puede ver treinta minutos de televisión por la noche. Puede que no esté de acuerdo con tu decisión, pero se siente muy seguro de conocer sus límites contigo. Se siente seguro con tu sentido de la consistencia en la toma de decisiones.

Es una buena forma de ganarse la confianza de las personas como presidente; es una buena forma de hacer que un niño se sienta seguro y cuidado. Y también es una buena forma de hacer que todos los que te rodean se sientan bien.

Presenta primero su punto de vista y solo entonces, la tuya

Cuando negocies o estés involucrado en un desacuerdo, presenta siempre primero el caso de la otra persona, una táctica que Abraham Lincoln aplicaba a menudo como abogado. Como he dicho antes, Lincoln solía empezar a defender su caso destacando los puntos fuertes de la otra parte. Si alguien no supiera lo que estaba haciendo, ¡pensaría que representaba a la oposición! Lincoln abordaba hechos que sabía que la oposición plantearía de todos modos, pero al plantearlos primero, tenía la oportunidad de demostrar su sentido del juego limpio.

Esto aplacaba el mecanismo natural de defensa del juez y los miembros del jurado, que inevitablemente esperaban oír un monólogo unilateral. Lo que Lincoln hacía, en esencia, era comunicar: «Oigan, estoy viendo este caso estrictamente en base a su mérito como una persona justa y de mente abierta. Solo busco la verdad, como ustedes».

Estableció firmemente su honradez, integridad y sentido del juego limpio y la justicia. Un punto de partida bastante ganador para un abogado, ¿no crees? Por supuesto, luego presentaría un caso mucho más sólido a su favor, que, debido a los sentimientos positivos del jurado hacia él, era aún más persuasivo y eficaz.

Cuando te encuentres en una situación con otra persona en la que haya una diferencia de opinión definitiva, puedes aplicar esto con gran éxito. Presenta primero algunos de los hechos de su lado para decir esencialmente: «Oye, está claro que hay dos lados en nuestra discusión. Ambos somos personas razonables y agradables que tenemos puntos en los que creemos».

Eso es dominar el arte de la persuasión.

8

Lo que te distingue de los demás

Mantente humilde después de tu victoria

Tanto si solo se trata de ganar en el juego Monopoly® con amigos o de una gran venta en que ganaste a la competencia, nunca te jactes ni actúes con arrogancia. Sé siempre humilde.

Si no lo eres, los otros jugadores harán todo lo posible para asegurarse de que no ganes la próxima vez, aunque tengan que perder solo para evitar que ganes. Es simplemente la naturaleza humana.

La persuasión positiva vía la regla de platino

Los autores prolíficos Jim Cathcart y el Dr. Tony Allesandra hablan a menudo del tema de la venta relacional, y son especialmente conocidos por lo que llaman la regla de platino. La antigua regla de oro es: «Trata a los demás tal y como quisieras que te traten a ti». ¿No es una filosofía maravillosa?

Según Jim y Tony, la Regla de Platino va un paso más allá: «Trata a los demás tal y como *ellos quisieran* que se les trate».

Explican que los distintos tipos y estilos de personalidad tienen diferentes maneras en las que les gusta que les traten o se relacionen con ellos en diversas situaciones. Por supuesto, esto no solo se refiere a las ventas profesionales, sino a todas las facetas de la persuasión en tu vida y en tu trabajo.

Algunas personas quieren conocer el fondo del asunto de inmediato. Otros quieren conocer todos los detalles, hechos y cifras. Algunas personas quieren tomarse tiempo para conocerse y establecer una amistad. Otros quieren que se les asegure continuamente que están tomando la decisión correcta. Algunas personas quieren que se trabaje y negocie con ellas de una manera, y otros quieren que se trabaje y negocie con ellas de otra.

Si quieres aumentar tus probabilidades de éxito en todas y cada una de las transacciones personales, aprende cómo quieren ser tratadas otras personas y trátalas de ese modo.

Pide en vez de mandar

Si de verdad quieres distinguirte de las masas, intenta hacer peticiones en lugar de dar órdenes. La persona acostumbrada a recibir órdenes, como un mesero, un miembro del personal o un empleado de hotel, se desvivirá por servirte si tú le pides sus acciones.

En lugar de decirle al mesero: «Tráiganos más agua» o «Necesitamos agua», podrías decirle: «Cuando pueda, ¿podría traernos más agua?». Algunos podrían pensar que esto solo retrasaría la obtención del agua. En realidad, ocurre lo contrario. Como has hecho que esa persona se sienta respetada, serás la primera persona a la que querrá hacer feliz.

En lugar de hacerlo una orden, conviértelo en una petición. En lugar de: «Joe, haz siete copias de esto», ¿qué tal: «Joe, ¿podrías hacer siete copias de esto para mí, por favor?»?

Formula tu «orden» en forma de petición, y persuadirás eficazmente tanto a corto como a largo plazo.

Sé una «persona sí»

No me refiero al estereotipo del hombre «sí» que siempre está tratando de quedar bien con el jefe. Más bien, me refiero a ser la persona que, cuando se le acerca alguien con una idea nueva, busca lo bueno en ella, por las posibilidades, en lugar de lo que está mal o lo que no funcionará.

Por supuesto, no estoy sugiriendo que digas algo que no crees, ni que mientas, ni que tomes acción ante cada idea que surja. De ninguna manera. Cada idea y cada acción deben juzgarse por su propio mérito. Lo que digo es simplemente que seas alentador, tanto si se trata de una petición de un vendedor como de un amigo que busca palabras de ánimo en relación con una nueva idea.

La mayoría de las personas se fijan en lo negativo. Cuando se les plantea una idea, responden: «Eso nunca funcionará». ¿Qué te parece si un vendedor te pide que veas un nuevo producto o servicio? Suelen decir cosas como: «No es nuestra política... Nunca se ha hecho antes...» o «No creo que podamos hacerlo».

Aunque los acercamientos que estamos repasando en estas páginas están diseñados para ayudar a superar tales actitudes en otros, también necesitamos ser conscientes de ellas en nosotros mismos. Aunque de hecho sientas que no se puede hacer nada, sé comprensivo. En lugar de desanimar inmediatamente a la otra persona, dale cualquier respuesta positiva que puedas.

Puede que no estés de acuerdo con la idea de un vendedor y puede que no veas las posibilidades que visualiza tu amigo, pero sin duda puedes apoyarlo hasta el final. Permítele saber que lo estás apoyando. Ofrécele los mejores deseos y el apoyo emocional que puedas darle.

Esto da como resultado que otros te vean como una fuente de apoyo emocional, y alguien por quien sienten verdadero aprecio.

La carta que nunca se envió

¿Alguna vez has estado muy enojado —furioso, tal vez encolerizado— con alguien que te ha maltratado? Aquí tienes una sugerencia: escribe una carta hiriente e insultante. Di todo lo que quieres decir. No te contengas. Métela en un sobre, ponle la dirección e incluso un timbre postal si quieres.

Luego, antes de enviarla, rómpela en mil pedazos.

Tu enojo habrá disminuido drásticamente y nadie lo sabrá jamás.

El autor y conferenciante Zig Ziglar dio ese sabio consejo a una mujer que se le acercó después de un programa para contarle una situación personal por la que había pasado y que realmente despertaba su resentimiento. Yo era un joven orador que había abierto la conferencia para Zig ese día, y estaba allí de pie mientras ese gran hombre tomaba tiempo para escuchar pacientemente y luego aconsejar cuidadosamente a esta persona (inmediatamente después de haber realizado una de sus presentaciones de gran energía).

A veces es correcto enviar una carta expresando resentimiento por una situación. En tales casos, es mucho mejor hacerlo después de esperar unos días antes de escribirla, e incluso entonces, expresar tus sentimientos de la forma más diplomática que puedas.

En este caso, sin embargo, Zig sugirió una estrategia diferente, y fue el consejo perfecto.

Esta también era otra de las técnicas de Abe Lincoln. A veces necesitaba expresar sus sentimientos de enojo para desahogarse, así que escribía una carta con todos los comentarios mordaces e insultos que se le ocurrían, y luego la rompía o la archivaba para siempre.

¿Cómo saber cuál es el acercamiento correcto? Puedes juzgar la situación de este modo: si nadie se beneficia del envío de esa carta, y las personas podrían resultar innecesariamente heridas, entonces puedes suponer que la carta no aportaría nada positivo a la situación. En ese caso, lo mejor que puedes hacer es nunca enviarla.

Pero ¡sí, escríbela! Escribir esa carta es una terapia maravillosa. Te desahogarás de tus sentimientos negativos y te alegrarás mucho de haberlo hecho.

¿Quién quiere cargar con un enojo así? ¿Por qué querría alguien hacerlo?

Edifica, edifica, edifica

Como dijimos anteriormente, edificar significa construir. Cuando edificas a una persona delante de otros, la construyes en la mente de esa otra persona. Cuando lo edificas frente a él mismo, lo construyes en su propia mente. Cuanto más lo hagas, mejor se sentirá consigo mismo y mejor se sentirá también contigo. Edificar a alguien frente a un tercero sigue el viejo dicho: «Si no puedes decir algo agradable, no digas nada».

Y la verdad es que siempre puedes decir algo agradable acerca de alguien, y siempre puedes encontrar una razón para hacerlo.

Incluso las personas más miserables que existen tienen algo acerca de ellas que podemos descubrir y edificar ante otra persona. Con ello se logran dos cosas: en primer lugar, probablemente la persona a la que estás edificando se enterará de lo que dijiste, lo cual solo puede tener resultados positivos. Y en segundo lugar, te establecerás en la mente de la persona *con la que hablas* como alguien que solo tiene cosas buenas que decir acerca de otros.

La gente disfruta estar con las personas que son así, y desde luego mucho más que con las que hablan negativamente de otros. E incluso si son de los que hablan negativamente de otros, te seguirán respetando por tu edificación de los demás.

Mi papá es un ejemplo tremendo de un hombre que solo habla positivamente y con edificación de otros. Desde su esposa (mi mamá) hasta sus hijos, sus amigos e incluso las personas que, para la mayoría de los demás, solo merecen palabras poco amables, papá siempre encontrará algo agradable que decir, ¡y a veces puede involucrar una búsqueda y un esfuerzo para hacerlo!

Los esposos y las esposas hablan a menudo de cómo el amor y el respeto han desaparecido de su matrimonio. En tales situaciones, a menudo me doy cuenta de cómo no parecen tener la costumbre de edificarse mutuamente, ni a sí mismos ni a otras personas. Mis padres siempre están edificándose o presumiendo el uno del otro, y lo han hecho desde que tengo uso de razón.

¿Crees que existe una correlación entre el éxito de un matrimonio —o de una amistad, o de una relación de negocios— y la forma en que los involucrados hablan unos de otros a sus espaldas y otros delante de ellos?

Observa si notas cómo funciona esto en tus propias relaciones y en las relaciones de los que te rodean.

Mi historia favorita acerca de mi papá

Con lo anterior en mente, tengo que relatar un incidente que encarna la esencia de la edificación, al tiempo que hace gala de un tacto y una diplomacia increíbles.

Cuando yo tenía unos diez u once años, nos estaban instalando una alfombra nueva en casa.

Durante el día, nos quedamos todos en una habitación mientras el encargado principal y sus dos ayudantes colocaban la alfombra en el resto de la casa. El jefe era una persona decente, pero uno de esos tipos toscos, bebedores de cerveza y de vida dura que probablemente pertenecerían a la Logia Mapache de Ralph Kramden de la clásica comedia de televisión *The Honeymooners*. (No hay nada malo en ello, por supuesto: solo te pintaba un cuadro).

A la hora de comer, mis padres compraron pizza para nosotros y el equipo. Papá subió al piso de arriba para llevar la pizza a los colocadores de la alfombra y hablar con el encargado acerca de cómo marchaban las cosas. Como papá es un tipo estupendo y puede relacionarse prácticamente con todo el mundo, el jefe naturalmente quiso congraciarse con él, y el proceso de vinculación masculina no tardó en ponerse en marcha, mientras yo escuchaba su conversación sentado a la vuelta.

El jefe empezó diciendo: «Oiga, este es un trabajo muy caro. Esas mujeres sí que se gastarán nuestro dinero, ¿verdad?». Papá respondió: «Bueno, te diré que, cuando estaban a nuestro lado aun antes de que tuviéramos dinero, es un placer hacer por ellas todo lo que podamos, ¿no?».

No es exactamente la respuesta que esperaba este tipo. Esperaba que fuera una conversación entre dos hombres que podían hablar negativamente de sus esposas. Para él, eso era lo natural en los hombres. Así que lo intentó de nuevo:

«Pero, vaya, se aprovecharán de eso y querrán gastar todo lo que puedan, ¿no?».

Papá respondió exactamente como yo sabía que lo haría: «Oye, cuando ellos son la razón de tu éxito, te es importante saber que haces cosas que les agradan. No hay mayor placer».

Segundo strike. El hombre lo intentó una vez más. «Y... lo aprovecharán hasta el máximo que puedan, ¿eh?».

Papá respondió: «Es tan gratificante saber que tienes una esposa que es tu mejor amiga, y que harías cualquier cosa a tu alcance para hacerla feliz».

Llegados a este punto, me esforzaba por no reírme, porque sabía que el tipo quería que papá al menos cediera un poco y dijera: «Sí, sí, supongo que es verdad». Pero yo sabía que eso no ocurriría. Ni en un millón de años.

Finalmente, el jefe se dio por vencido. Quizá aprendió algo en aquella transacción acerca del respeto al cónyuge. Quizá no. Pero a un niño le enseñó mucho acerca del poder del respeto y la edificación.

Mi mamá y mi papá harían cualquier cosa el uno por el otro. Después de conocer esa conversación, ¿tendrías alguna duda?

Puedes usar este principio no solo para lograr el éxito en tu vida matrimonial, sino también en el trato con las personas en general. Si las personas saben que las estás edificando, eso conducirá al éxito de tu relación a largo plazo.

Date la ventaja a través de la gratificación diferida

Alguien te hace un mal. Ocurre, ¿verdad? A mí sin duda me sucede. ¿Responder o reaccionar? ¿Buscas vengarte o mantienes la calma?

Antes de reaccionar negativamente ante la persona o sus acciones, haz una pausa y pregúntate: «¿Mi reacción fortalecerá o perjudicará mi relación o mi posición con esta persona?».

Puede que a corto plazo te sientas bien devolviendo el golpe, pero, a largo plazo, ¿será más productivo o contraproducente?

La respuesta es obvia, ¿verdad?

Siempre tienes la opción de elegir entre la gratificación instantánea y la gratificación diferida. Los que consistentemente salen ganando son los que optan por la diferida.

No hay manera de ganar una discusión

Fue en el libro de Dale Carnegie, *Cómo ganar amigos e influir sobre las personas*, donde aprendí por primera vez el principio de que realmente no hay forma de ganar una discusión. Como dijo tan célebremente el Sr. Carnegie: «Un hombre convencido contra su voluntad sigue siendo de la misma opinión». Por no hablar de la mala voluntad que probablemente resultará con esa persona.

Abe Lincoln estaba de acuerdo. En *Lincoln on Leadership*, Donald T. Phillips relata cómo el presidente reprendió al capitán James M. Cutts por discutir continuamente con otro oficial y maltratarlo verbalmente. Lincoln señaló que ninguna persona decidida a alcanzar el máximo de sí misma puede dedicar tiempo a los conflictos personales. La parte más famosa de su reprimenda fue la siguiente:

> Mejor ceder tu camino a un perro, que ser mordido por él al disputarte el derecho. Ni siquiera matando al perro se curaría la mordedura.

En el proceso de persuasión, te recomiendo que hagas todo lo posible por nunca discutir.

A lo largo de este libro hemos estado repasando ideas sobre cómo persuadir eficazmente a las personas y conseguir lo que quieres sin dejarnos entrar en una discusión, pero de vez en cuando, a pesar de nuestras mejores intenciones, sentimos que nos deslizamos en esa dirección argumentativa.

Cuando esto ocurra, recuerda las lecciones de Dale Carnegie y Abraham Lincoln sobre la inutilidad de discutir. Te servirán, quizá mejor que cualquier otra habilidad, en tu intento de dominar el arte de la persuasión.

Pierde la batalla, gana la guerra

A veces está bien perder una pequeña batalla para conseguir la mayor victoria general. Cuando negocies o intentes ganar tu punto de vista, no tengas miedo de hacer algunas concesiones menores aquí y allá para conseguir lo que realmente pretendes. Tienes que ser capaz de ver el panorama general.

Ya hablamos del hecho que la gente que solo tiene una cierta cantidad de poder no le gusta que se le menoscabe ese poder. Aun si logras convencerles de que tienes razón (y eso es un gran «sí»), es probable que su ego te impida persuadirles para que cambien de pensamiento o de acción.

En lugar de eso, ¿por qué no les permites guardar las apariencias ganando un par de puntos sin importancia que en realidad no te importan demasiado? Esto les permitirá sentir que no los han destrozado y que, además, han ganado.

Lo cual, si salen sintiéndose bien consigo mismos, es que de hecho han ganado. A veces puede que incluso tengas que inventarte esos pequeños puntos para que ganen. Cuando lo hagas, ten cuidado de permitir que la otra persona sienta que ese punto ha sido obra suya, su victoria. Con un poco de imaginación es fácil hacerlo, y los dividendos merecerán la pena.

Las quejas con humildad consiguen mejores respuestas

Cuando escribas una carta de queja o dejes una queja en el buzón de voz, expone los hechos con humildad. Si es posible, comienza tu comunicación con un elogio. Menciona que, ciertamente, no sabes tanto sobre el cargo o la empresa de esa persona como ella. Entonces, cuando señalas una observación que da en el clavo —aunque no sea positiva—, tu credibilidad ante esa persona aumenta aún más.

Después de visitar varias tiendas de una franquicia en particular y recibir un servicio absolutamente terrible en todas y cada una de ellas, decidí llamar a la sede de la empresa y expresar mi descontento al propio director general. No estaba, pero me puse en contacto con su buzón de voz y decidí dejarle un mensaje.

Como este suceso ocurrió hace varios años, y no se me ocurrió que pudiera ser necesario recordar mis palabras textualmente para reproducirlas en un libro, solo puedo darte una paráfrasis de mi mensaje. Sin embargo, sé que puedo acercarme a las palabras originales, porque usaba este mismo método cada vez que me encontraba en una situación similar. El mensaje iba más o menos así:

Hola Sr. Smith, soy Bob Burg llamando desde Jupiter, Florida. Si desea llamarme después de escuchar este mensaje puede hacerlo, pero desde luego no es necesario. Soy un cliente muy leal y normalmente bastante satisfecho que ha disfrutado mucho de usar sus productos durante años y los he recomendado. He pensado que podrían interesarle algunos incidentes ocurridos en sus tiendas de Florida.

Lamentablemente —y muy al contrario de mi experiencia habitual con el excelente personal de atención al cliente de su empresa— me vi en una situación muy desafiante que no benefició ni a su tienda, ni a mí, ni a los otros clientes. Si este suceso hubiera ocurrido una vez, incluso dos, me habría encogido de hombros, conociendo la dedicación de su empresa a sus clientes. Después de tres sucesos distintos —aunque no pretendo conocer su negocio—, francamente, pensé que querría saberlo.

Si desea seguir hablando conmigo, de nuevo, me llamo Bob Burg y estoy en el 561-555-5555. Gracias por su tiempo. Que tenga un gran día.

¿Crees que recibí una respuesta de esta inmensa empresa?

Seguro que sí. No del propio director general, sino de su mano derecha. Hablamos por teléfono y no solo se disculpó mucho, sino que agradeció que yo llamara y lo pusiera al corriente de la situación.

La gente en ese puesto da mucha más importancia a una queja presentada por alguien que actúa con humildad, lógica y civismo. Los solucionadores de problemas tienen que lidiar con maleducados y gritones todo el día. Valen diez centavos por una docena... o quizá más bien un centavo.

Al posicionarte amablemente al margen de la multitud negativa, aumentas drásticamente tus posibilidades de obtener la satisfacción que deseas.

Trata a todos de la misma manera exacta: con R-E-S-P-E-T-O

La regla de platino, como mencionamos antes, dice que debemos tratar a cada persona como quiere ser tratada. En un sentido más amplio, sin embargo, lo mejor es esforzarse por tratar a cada persona —en cada trabajo, puesto o posición en la vida— de la misma manera y con el mismo respeto que tratarías, por ejemplo, a un millonario director general de una empresa de las Fortune 500.

No solo es lo correcto que hacer (¡y lo es!), sino que nunca sabes cuándo vas a necesitar a esa persona para algo importante. Ésa es una de las razones por las que es tan importante aprender estos hábitos.

Sí, ocurre por hábito: cuando la acción está tan arraigada que la haces sin pensar.

¿Muestras respeto al hombre o a la mujer de la caseta de pago? ¿Y al mesero o mesera? ¿La persona en la caja registradora? ¿El conserje?

Convertir esta muestra de respeto en un hábito conduce al éxito a corto y largo plazo con otros.

Una buena prueba

Cuando te sientes bien contigo mismo, sabiendo que actúas con justicia y amabilidad, enfocándote en proporcionar valor a la vida de otros, eso se refleja en tu comportamiento general y contribuye en gran medida a tu éxito personal y profesional.

Como prueba personal para asegurarte de que vas por el buen camino, pregúntate: «¿Lo que hago está sirviendo a la otra persona, además de a mí mismo?».

Sí, es tan sencillo como eso.

Coincide y refleja

Anteriormente vimos la programación neurolingüística, o PNL, una tecnología muy eficaz para ayudar a establecer una buena relación. Una forma de usar la PNL para crear una buena relación con la otra persona es igualar o reflejar físicamente a la otra persona.

¿Cómo se hace esto? He aquí un ejemplo: cuando la persona con la que estás empiece a apoyar la mano en la barbilla —o a cruzar las piernas o los brazos—, espera un momento y luego haz lentamente lo mismo.

Por supuesto, no quieres ser obvio. Si la persona percibe que lo haces intencionalmente, tenderá a parecer manipuladora, y si eso ocurre, perderás cualquier relación que hayas desarrollado hasta el momento.

En realidad, es muy probable que ya lo estés haciendo, al menos en algunas situaciones. Igualarse y reflejarse son procesos totalmente naturales cuando dos personas ya tienen una buena relación. Simplemente estás ayudando al proceso, de manera que la otra persona se sienta cómoda contigo cuanto antes.

Incluso igualar la respiración de otra persona puede hacer maravillas. Con un poco de práctica, es facilísimo. Según la experta en PNL Susan Stageman, de Dallas, Texas, cuando se hace correctamente, igualar la respiración hace que dos personas estén totalmente sincronizadas. ¿Puedes ver cómo esto ayudaría enormemente en el proceso de persuasión?

También puedes igualar el volumen de la voz de la persona. Si habla en voz baja, haz lo mismo. También puedes aumentar tu ritmo para igualar su velocidad, o hablar un poco más despacio si eso es lo que está haciendo ella.

Para establecer una buena relación por teléfono, la igualación de voz puede ser muy eficaz.

De nuevo, nada de esto pretende manipular y persuadir a alguien para que haga algo que normalmente no haría.

Es simplemente un método para aumentar la velocidad y la fuerza con las que puedes establecer una relación natural.

Obvio, ¿pero utilizado?

Trata a una persona con amabilidad y respeto, y se desvivirá por ti mucho más rápido y con más fuerza que si le gritas, insultas o amenazas.

Totalmente obvio, ¿verdad? Entonces, ¿por qué vemos a tanta gente gritando, insultando y amenazando a las personas?

Merece la pena pensar en esto la próxima vez que sientas que estás a punto de reaccionar ante las acciones (o inacciones) de otra persona. ¿Cuánto mejorarías tus posibilidades de ganar a través del arte de la persuasión respondiendo simplemente con amabilidad, compasión y respeto?

Asegúrate de que tus cumplidos lleguen a la persona a la que van dirigidos

Dile a la gerente que es tu esperanza que le haga saber a la mesera que su servicio fue fantástico. Dile al mesero que la comida era maravillosa y que, por favor, transmita ese cumplido al chef.

Quieres asegurarte de que tus cumplidos acerca de otra persona lleguen a oídos de esa persona. También quieres que sepa de quién procede el cumplido.

¿Por qué?

Porque no solo se sentirán bien por ello —una recompensa de tu parte por su excelente servicio—, sino que también se sentirán bien contigo y estarán aún más ansiosos por complacerte la próxima vez que vengas.

¿Funciona de verdad? Por supuesto que sí. He tenido chefs que han salido de la cocina y se han acercado a mi mesa para agradecerme personalmente mis amables palabras.

Y, por cierto, esto no se refiere solo al servicio de restaurante. Funciona prácticamente en cualquier ámbito en los cuales desees ganar con las personas.

Un consejo de restaurante que da resultados

A propósito de restaurantes, cuando devuelvas la comida para que la vuelvan a cocinar o la cocinen de otra forma, o por cualquier otro desafío, dirígete al mesero empezando con estas palabras: «Por favor, diga al chef que la cena es absolutamente excelente. Solo hay una cosa, si pudiera...» y termina la petición con lo que deseas.

Recuerda asegurarte de que el mesero tenga la intención de compartir los elogios. Observa lo bien que sale tu comida esta vez. No te sorprendas si sale el cocinero para asegurarse personalmente de que todo está como debe.

Solo un pensamiento

Cada año se venden millones de brocas de ¼ de pulgada, pero nadie que compa una de estas brocas de ¼ de pulgada quiere realmente una broca de ¼ de pulgada.

Entonces, ¿por qué las compran? Porque quieren un agujero de ¼ de pulgada.

¿ Cuál es mi punto, y qué tiene que ver esto con el arte de la persuasión? Las personas hacen cosas, no por la cosa en sí, sino por el beneficio que les aporta hacer la cosa.

Lo que hace que esto sea un desafío es que esas razones no siempre son obvias. Pero sin que sepamos cuáles son, las probabilidades de que tomen la acción que deseamos que tomen disminuyen considerablemente.

La clave está en averiguarlo haciendo las preguntas correctas. En ventas, no todos tienen la misma motivación de compra. Algunos basan su decisión en el precio, otros en la calidad y otros en el estilo o la conveniencia. Tu trabajo consiste en averiguarlo para ayudarles a conseguir el «agujero de ¼ de pulgada» que desean.

Fuera de las ventas, no todos reaccionan o responden a una situación por las mismas razones que nosotros. Cuando intentes persuadir, tienes que saber cuál es su «agujero de ¼ de pulgada». Una vez que lo sepas, habrás recorrido la mayor parte del camino.

Un rápido consejo telefónico

Para tener éxito seguro a largo plazo, sobre todo si la relación que estás estableciendo la cultivas por teléfono, aquí tienes un consejo sencillo que siempre te funcionará. Además, nunca volverá para atormentarte. Lo aprendí de la autoridad en ventas telefónicas David Allan Yoho. ¿Estás listo?

Sé el último en colgar.

¿No es una sensación horrible cuando, apenas un nanosegundo después de despedirte de alguien, oyes el chasquido estridente e impersonal del teléfono al ser depositado en su soporte? Y aunque a ti no te moleste, a muchas personas sí. Más que molesto, de hecho. A la mayoría de las personas les da la sensación de que: «Oye, esa persona tenía muchas ganas de colgar el teléfono conmigo. Me pregunto por qué... ¿Soy solo una venta o un número más para ellos?».

Para asegurarte de que esto no ocurra, asegúrate de dar tiempo a la otra persona para que cuelgue el teléfono primero. Si crees que esa persona, por el motivo que sea, está esperando que cuelgues tú primero, espera unos segundos y luego, con cuidado, cuelga el teléfono.

Esto toma práctica para convertirse en un hábito. Siempre hago saber a los nuevos empleados de la oficina que esto es muy importante para mí, y descubrí que tenía que recordarles que lo convirtieran en un hábito.

Si yo pasaba por delante del escritorio de alguien y le oía colgar rápidamente después de despedirse, le interrogaba al respecto. Unas cuantas veces el empleado decía: «Oh, solo estaba hablando con un amigo, alguien a quien conozco muy bien».

«No importa», yo contestaba. «Lo que hacemos como un mal hábito en un contexto, tenderemos a hacerlo siempre».

Para asegurarnos de que aprovechamos al máximo este estupendo consejo, tenemos que sustituir por completo ese viejo hábito por este hábito nuevo y más positivo.

¡Buenos días!

Nunca está de más sonreír y saludar alegremente a la gente.

Las personas nunca saben exactamente cuál será tu actitud cuando te estás acercando a ellas. La mayoría de las personas tratan con muchas personas infelices, incluso crueles y desagradables. Eso es lo que han aprendido a esperar. Cuando sonríes y dices: «Buenos días», has establecido el tono para que todos salgan ganando.

Pero, por favor, no saludes con: «¿Cómo te va?».

Cuando una persona dice: «¿Cómo te va?», ¿no suena un poco como si en realidad estuviera diciendo: «En realidad no me importa cómo te va...»?.

Pocas cosas resultan menos sinceras que cuando alguien dice «¿Cómo te va?» mientras sigue pasando a tu lado sin esperar una respuesta. Y no esperan una respuesta, porque en realidad no es un saludo.

En tu saludo, sé siempre sincero. Si dices: «¿Cómo te va?», ¿les estás pidiendo realmente que dejen lo que están haciendo y te cuenten cómo les van las cosas ahora mismo en sus vidas? ¿De verdad los estás invitando a entrar en una conversación? Si no es así, no lo hagas. Encuentra un saludo que represente algo que realmente quieras decir.

Por ejemplo: «¡Buenos días!».

Hace poco me crucé con una persona y, cuando nuestras miradas se cruzaron, era evidente que no estaba muy contento. Una opción habría sido ignorarlo por completo, pero ¿habría yo aportado realmente algo al mundo de ese modo? Le dirigí una gran sonrisa y le dije: «¡Buenos días!». Y lo dije en serio.

Ojalá hubieras podido ver cómo se le iluminó la cara al sonreír y saludarme a su vez.

Quizá saludó a alguien de la misma manera un poco después, y quizá esa persona hizo lo mismo con otra. Si piensas que todas esas personas tendrán una actitud mucho más sana cuando se encuentren con otros a lo largo del día, piensa en cuántas vidas se vieron potencialmente afectadas de forma positiva con ese breve saludo. Nos hizo sentir mejor a los dos acerca de nosotros mismos al mismo tiempo. No tuvo ningún costo, pero sí una recompensa.

En realidad, dos recompensas: una fue el buen sentimiento que ambos tuvimos al saludar, y la otra fue tener la oportunidad de practicar e interiorizar el hecho de saludar a alguien de la forma correcta.

Este hábito es muy útil. Muy útil.

Otra manera de preguntar

Una forma de conseguir que alguien esté dispuesto a ayudarte muy rápidamente es pedir disculpas.

¿Suena raro?

«Siento importunarle, ¿podría, por favor...?» y luego completar tu pregunta. Pedir de este modo suele provocar una respuesta rápida y útil. Esto es cierto tanto si pides direcciones a alguien en la calle como si le haces una pregunta a un funcionario acerca del formulario que necesitas completar.

Estás haciendo que la persona se sienta necesitada y la estás haciendo saber que sabes que es lo suficientemente importante como para considerar las limitaciones de su tiempo. Estás siendo humilde y cortés.

Este sencillo acercamiento a otra persona para pedirle ayuda me ha ayudado a ganar sin intimidación muchas veces a través de los años.

Al comenzar una venta por teléfono

Cuando llames a alguien por teléfono, esta es una buena forma de iniciar la conversación y aclarar el momento. Puede que necesites su tiempo para que escuchen tu presentación de ventas, o tal vez necesites un permiso especial del director de la escuela de tu hijo. Independientemente de cuál sea la situación, sigue funcionando.

Simplemente di algo como: «Sra. Conrad, soy Bob Burg, ¿tiene un minuto o he llamado en un momento realmente inoportuno?».

Hay personas de la vieja escuela de ventas que dirán: «Burg, ¿por qué le das a esta persona la oportunidad de deshacerse de ti?».

Eso no es lo que estoy haciendo.

Si te contesta: «En realidad, sí, estoy en medio de una conferencia y estoy rodeada de cuatro clientes con un plazo para terminar otro proyecto en treinta minutos», entonces puedes suponer con bastante seguridad que, de todos modos, no tendrías toda su atención. De hecho, solo habrías conseguido que estuviera resentida contigo, lo que dificultaría enormemente la consecución de tu objetivo final.

Lo que la otra persona por lo general dice es: «Bueno, tengo unos minutos, ¿en qué puedo ayudarle?» o «No, ahora está bien».

Al demostrarle que respetas su tiempo, le estás honrando y haciendo que se sienta bien consigo mismo. Y, por supuesto, eso establecerá más rápidamente una buena relación, que conduce al resultado que deseas.

Confesar ignorancia

¿Podemos tú y yo dejar a un lado nuestros egos para conseguir lo que queremos? Si no es así, trabajemos en ello. Es la clave para dominar el arte de la persuasión.

Siempre puedes confesar fácilmente tu ignorancia en el área que la persona con la que tratas domina. Solo si es verdad, por supuesto, pero normalmente estás dispuesto a pagar a alguien para que realice un trabajo o preste un servicio concreto porque está especializado en esa área en particular (y tú no).

En mi caso, es fácil admitir la ignorancia en muchas áreas y ser totalmente sincero al respecto. Como he dicho antes, me resulta fácil decirle al mecánico: «Sue, soy la persona más ignorante del mundo en lo que se refiere a automóviles».

Puede que estés pensando: Burg, ¿no acabas de exponerte a que se aprovechen de ti? No, no lo creo. Acabo de usar el método del cual hablamos antes, de poner mi fortuna en manos de esta persona de forma que se sienta importante. La hace sentirse bien consigo misma y, en todo caso, es más probable que eso la lleve a hacer un trabajo mejor, no más descuidado.

Lo que ha hecho este acercamiento es abrir el camino para que la persona quiera cuidar bien de mí. Las personas somos así. A todos nos gusta usar nuestras habilidades en beneficio de otros, sobre todo cuando esos otros buscan nuestra ayuda con amabilidad y respeto.

He confesado mi ignorancia en innumerables situaciones, y suelo recibir un trato mejor y más justo que la mayoría de las otras personas, ¡sin duda mejor que las que toman el acercamiento contrario!

Un pensamiento clave

Ten siempre presente esta idea. En esencia, es de lo que trata este libro y la razón por la que es tan posible encontrarte consistentemente obteniendo lo que deseas cuando tratas con otros. He aquí el pensamiento:

¡Haz que las personas se sientan bien consigo mismas!

Esto es tan importante, que lo quiero repetir.

¡Haz que las personas se sientan bien consigo mismas!

Tenlo siempre presente y tu vida será mucho más fácil.

Admite errores

Por alguna razón, hay personas a las que les resulta un verdadero desafío hacer esto, y sin embargo es realmente tan sencillo y eficaz, y de hecho hace que las personas te admiren aún más. Es algo tan sencillo, y es algo que acabamos de tratar unas páginas atrás. ¿Sabes de qué se trata?

Pide disculpas.

Pide disculpas cuando te equivoques. A veces, incluso si no te equivocas.

¡Discúlpeme! Yo estaba equivocado.

Mira tu propia vida y tu trabajo. ¿No es mucho mayor el nivel de respeto que sientes por las personas que admiten sus errores y se disculpan que por las personas que se niegan a hacerlo?

Nosotros, los humanos, parecemos tener un desafío a la hora de disculparnos: con los amigos, la familia, los compañeros de trabajo y prácticamente con todos los demás. Si conseguimos superarlo y admitir simplemente que nos equivocamos, dispondremos de una herramienta de poder eficaz más que podremos conectar y usar para aumentar nuestra eficacia con otros.

En su poderoso libro, *Dynamic People Skills*, Dexter Yager escribe: «Una cosa que hago cuando surgen conflictos potenciales con las personas es disculparme. La mayoría de las personas tienen miedo de disculparse por cualquier cosa. Eso es porque no comprenden el poder que tiene».

Luego añade: «Pediré disculpas a la primera de cambio. Pediré disculpas por cosas que son culpa mía y por cosas que no lo son. He descubierto que las disculpas son mágicas. Quitan la presión de la situación, de la otra persona y la ponen sobre mí. Eso para el conflicto inmediatamente».

Lo que más aprecio del mensaje de Dexter es el hecho de que, cuando podemos disculparnos cuando nos equivocamos, y especialmente cuando no lo hacemos, demuestra una enorme confianza en nosotros mismos y en nuestra autoestima. Tu gesto acabará siendo apreciado por la otra persona, y al mismo tiempo te habrás ganado un gran respeto.

Enfócate en la solución, no el problema

Los que practicamos el arte de la persuasión nos damos cuenta de que, día tras día, tenemos que persuadir a los que son perezosos, testarudos, arrogantes, poco imaginativos o cualquier otra cosa, para encontrar formas de hacer cosas que normalmente no harían. Simplemente piensa en cuántas veces oyes a alguien responder a tu petición con: «Aquí no lo hacemos así», o «No es nuestra política», o «Lo siento, no se puede hacer». O el siempre mágico: «Lo intenté una vez y no funciona».

Mi buen amigo Thomas Hudson tiene un consejo excelente para esta situación. Lo llama «vivir en la solución, no en el problema».

Ya lo haces de todos modos, ¿verdad? Claro que lo haces. Tu desafío, entonces, es conseguir que la otra persona haga eso: ayudar a esa persona a salir del «modo problema» y a entrar en el «modo solución». Esto significa hacer saber con tacto a esa persona que ambos están entrando en ese modo, y que juntos llegarán a una solución. En la medida de lo que puedas, permite que la otra persona sienta que la solución ha sido suya. Siempre que lo hagas con una actitud amable y servicial, funcionará.

Llegar a estar orientado a la solución se aplica tanto a los asuntos del corazón como a los de los negocios. Dexter Yager señala que «cuando surge un problema en una relación, tu objetivo es resolver el problema, no ganar la guerra». Esto se relaciona maravillosamente con todos los aspectos de la persuasión, ¿verdad?

El Sr. Yager sugiere que necesitamos dejar a un lado el ego (el deseo humano normal de tener la razón) y no permitir que ese deseo nos controle. Dice que si permitimos que el deseo tome el control, confundimos la cuestión y contaminamos la situación hasta que nadie puede distinguir el verdadero problema, y mucho menos su solución.

Y continúa: «La mayoría de las personas que se encuentran en una situación de conflicto no se han tomado el tiempo necesario para averiguar lo que quieren ellas mismas, y mucho menos lo que quiere la otra persona».

La forma de asegurarse de que esto no ocurra es empezar con la solución en mente.

9

Pepitas de sabiduría aprendidas en el camino

Si pudieras comprobarte a ti mismo que...

El más mínimo cambio en la fraseología puede suponer una gran diferencia en la forma en que tus ideas llegan a otra persona.

¿Te ha dicho alguien alguna vez, quizá simplemente intentando convencerte de algo o queriendo que le compres algo, «Si puedo convencerte de que (tal cosa) te ahorrará dinero...» o «Si te puedo comprobar que...»? ¿Y no te dijiste en cierto modo: «¡Este tipo no va a convencerme de nada!»? Sé que yo lo he hecho. Es propio de la naturaleza humana resistirse cuando se le desafía, y las frases «Si puedo convencerte» o «Si te puedo comprobar que» son ciertamente un desafío.

He aquí una forma más efectiva de abrir a alguien a tu «comprobación», y es otra joya que aprendí por primera vez de Zig Ziglar: en lugar de decir: «Si puedo convencerte de que...», di: «Si pudieras convencerte de que...». Luego continúa con el beneficio que quieres que entiendan, tal como «... que esto te ahorrará dinero a largo plazo». O: «Si pudieras comprobar por ti mismo que lo correcto es...»

Ahora has permitido a esa persona tomar el control y convencerse o comprobarse algo a sí misma. ¿A quién se va a resistir? ¿A sí misma y a sus propias ideas? ¡De ninguna manera!

Practica esto lo suficiente para que, cuando se presente la situación, la forma correcta de expresar tu punto de vista surja de forma natural. Después de todo, si pudieras convencerte de que esta idea te ayudaría a persuadir más eficazmente, ¿no querrías perfeccionarla?

Puedo estar equivocado acerca de esto...

Esta es otra de esas frases introductorias que hacen que una persona se muestre más receptiva a tu petición o desafío. Es muy sencilla y dice así:

«Sr. Thomas, puede que me equivoque acerca de esto; desde *luego, no sería la primera vez*. Pero me pregunto...» y luego completa el resto con tu desafío o petición particular.

¿Necesitas informar a un gerente acerca de un error en tu factura?

«Puede que esté equivocado acerca de esto. Pero me pregunto, ¿este cargo de aquí no era solo de $17 en vez de $117?».

Eso es mucho más efectivo que decir a otros que están equivocados y que deben arreglarlo, y es mucho más probable que te dé los resultados que deseas.

Ganar sin intimidar, solo con escuchar

Hay veces en que absolutamente lo mejor que podemos hacer para comprobar nuestro punto de vista es escuchar —realmente escuchar— a la otra persona. Escuchar hasta que termine. Permíteles que hablen y que sepan sin duda que se les ha escuchado. Esto funciona en todo tipo de situaciones.

Cuando yo trabajaba en ventas de publicidad televisiva, entré en un negocio sin avisar, en un intento de conocer al propietario y ayudarle a comprar tiempo de publicidad en mi emisora. En cuanto descubrió mi trabajo, empezó a atacar verbalmente mi profesión. Despotricó acerca de por qué nunca «ni en un millón de años» compraría tiempo de publicidad en televisión.

A pesar del impulso humano natural de reaccionar, de contestarle bruscamente o de defender mi posición, le permití hablar, mientras pensaba para mis adentros: «Bueno, esta venta no se va a producir». Después de un rato, su tono empezó a suavizarse. Empezó a hablar de un amigo al que le había ido bien gracias a la publicidad televisiva, y yo empecé a pensar: «No me lo creo; después de todo, va a comprar». Y lo hizo.

¿Siempre funciona así? No, pero permitir que las personas hablen todo lo que quieran es un buen comienzo, y nunca se sabe.

Después de que la persona termine de hablar, es magnífico que le permitas saber que comprendes sus preocupaciones.

¿Recuerdas el *siente, sintió, encontró* que tratamos antes? Úsalo, y luego pregúntale si tiene otras preguntas.

Ten en cuenta que usar aquí la palabra «preguntas», en lugar de «problemas», es mucho más eficaz. Cuando digan que no tienen ninguna, estarás en una posición excelente para manejar la situación de la forma que consideres eficaz.

Conoces mucho más acerca de esto que yo

Una frase extremadamente eficaz es: «Tú sabes mucho más de esto que yo, ¿cómo enfocarías...?» y luego completa el resto con tu desafío particular.

Has hecho un gran cumplido al ego de esa persona y le has dado el control. Por lo general, la persona estará encantada de vivir a la altura de las expectativas que le acabas de establecer.

Empieza una crítica con alabanza genuina y sincera

Otro método que Dale Carnegie trató en *Cómo ganar amigos e influir sobre las personas* es una forma muy eficaz de ofrecer críticas sin provocar resentimiento: empieza tus críticas con un elogio.

Ten en cuenta que el elogio *tiene que ser* auténtico y sincero, o probablemente caerá sobre oídos sordos.

Pero si la persona oye primero algo agradable y positivo acerca de sí misma, estará menos a la defensiva y se sentirá mejor ante las palabras de corrección que le seguirán. Luego, después de decir lo que se tiene que decir, termina con otra palabra amable o un pensamiento positivo.

He aquí un ejemplo: «Don, una cosa que siempre he admirado de ti es el trabajo duro y el sentido de orgullo que sueles poner en tus proyectos. Por eso me sorprendió un poco que el proyecto que acabas de terminar estuviera muy por debajo de tu nivel habitual. A todos nos ha pasado alguna vez, y te conozco lo suficiente para saber que eso no volverá a ocurrir».

Lo que has hecho es felicitar a Don y luego criticarle no a él, sino a su rendimiento. Le has hecho saber que a ti también te ha pasado, de manera que no está solo y no se siente señalado. Luego lo has vuelto a felicitar, dando a entender que definitivamente se esperan cosas mejores.

Independientemente de la situación o las circunstancias en las que lo uses, motivará a la otra persona a actuar correctamente en el futuro.

Siete palabras que regresarán para atormentarte

Existen siete palabras que eventualmente regresarán para atormentarte tarde o temprano, sobre todo si se dicen después de no haber tratado a una persona con el debido respeto y sentido de la dignidad humana. He aquí esas siete palabras:

De todos modos, nunca la necesitaré para nada.

Ayúdales a sentirse contentos de hacer lo que no quieren hacer

La verdadera persuasión es ser tan hábil como para ayudar a una persona a cambiar totalmente su actitud acerca de una determinada posición, tarea o situación. He aquí un gran ejemplo:

Hace años, cuando empecé a aparecer en algunos de los principales programas de ventas y mítines motivacionales de todo el país, yo solía ser el orador de apertura de una gran figura del deporte o de un orador profesional más conocido que yo. Él o ella sería la persona cuyo nombre reconocido atraería a la multitud, y yo daría a la audiencia información práctica sobre la creación de redes empresariales, mi tema principal.

Una persona estaba promocionando una serie de programas que tendrían lugar mensualmente en la misma ciudad. En el material publicitario para los doce meses se incluían algunos de los nombres más famosos de la profesión de orador... y ahí figuraba yo. En realidad, yo estaba totalmente emocionado por siquiera haber sido incluido en los materiales promocionales; ¡qué emoción para un joven conferenciante! En total había trece oradores. Cada orador tendría el escenario para él solo durante toda la velada, excepto dos: el orador al que yo abriría y, por supuesto, yo mismo. El nuestro sería el primer programa de la serie de doce meses.

Cuando ese orador —un orador excelente, por cierto— vio el programa, llamó inmediatamente al promotor (aquí el ego es el protagonista) para preguntarle por qué él era el único orador importante que debía tener un introductor. ¿No creía el promotor que era lo suficientemente bueno como para llevar el programa él solo?

El promotor, pensando con rapidez, le dijo que era porque él era muy conocido y yo no, y que yo necesitaba un nombre reconocido para establecer mi credibilidad, especialmente para este importantísimo primer programa de la serie. Nuestro excelente (y previamente herido en su ego) orador, lo aceptó de buen grado con una sonrisa y estuvo de acuerdo en hacer su programa, que de todas las posibilidades trataba sobre «Cómo mejorar tu autoestima». (Solo bromeo acerca del título, aunque habría sido gracioso).

Declinar amablemente una oferta sin valor

Cuando estés involucrado en una negociación y te ofrezcan algo que crees que no tiene valor para ti, agradécelo de todos modos por haber pensado en ti.

Me siento honrado de que siquiera se piense en mí de esa manera; sin embargo, no me sería factible en este caso.

Los que te ofrecen comprenderán que están muy lejos de cualquier posibilidad de llegar a un acuerdo contigo, pero tú no les has ofendido con tu respuesta.

Tantas personas ofenden a la otra persona cuando rechazan una oferta, y eso solo cierra puertas y supone una pérdida para todos. Si empleas el tacto, permites que otros salven las apariencias y, si es posible, volverán con una oferta más realista.

Mantener la puerta abierta sin comprometerte de manera alguna

Cuando recibí una llamada del responsable de una gran empresa a la que me habían remitido, enseguida me di cuenta de que no podríamos llegar a un acuerdo sobre mis honorarios como orador. Su último comentario fue que le llamara si decidía que podía hacer su programa por los honorarios que me ofrecía.

Inmediatamente después de la conversación, escribí una carta de agradecimiento. En esta breve nota escrita a mano, le agradecí su llamada y no mencioné nada en absoluto acerca de los honorarios, sino que le deseé sinceramente que la convención fuera un éxito. Básicamente, le dije que no sin cerrar la puerta a seguir tratando el tema.

Esta nota, amable pero sin compromiso, dejaba abierta la posibilidad de que volviera a llamarme, si decidía que podía pagarme los honorarios que le ofrecía. En otras palabras, podía sentirse cómodo llamándome, sabiendo que no tendría que comerse el pastel de la humildad.

¿Llamó? No, no me llamó. Sin embargo, otros en situaciones similares sí que lo han hecho. E independientemente de si lo hace o no, el principio funcionó.

Es mucho mejor que cerrar la puerta o ceder y darte menos valor del que te mereces.

Toma nota de algo que les interesa

Si es posible, toma nota de algo que interese o sea motivo de orgullo para la otra persona. Una foto de su hijo en su escritorio. Trofeos en la pared. Algo... lo que sea. Pero tu interés debe ser sincero, porque si no, se dará cuenta de tu falta de sinceridad.

Un caballero estaba en posición de darme una recomendación clave que me habría beneficiado enormemente en mi negocio. Me invitó a su casa para tratar el asunto con él, dejándome saber, sin embargo, que no me prometía nada. Era un hombre de negocios jubilado y al pasar por su garaje, lo primero que noté fue una gran vitrina de pájaros de madera tallados a mano. Eran fascinantes, hermosos y hechas de forma exquisita.

«¿Usted mismo los talló?» le pregunté. Adivina de qué hablamos durante las dos horas siguientes.

¿Me recomendó? Seguro que sí.

Resultó que, desde que se había jubilado, hacía estas piezas talladas prácticamente día y noche. Los pájaros de madera eran absolutamente increíbles. También eran ahora su principal medida de autoestima y una poderosa fuente de satisfacción tras una larga y distinguida carrera empresarial.

Toma nota de lo que es importante o de interés para la otra persona, y estarás en buen camino para dominar el arte de la persuasión, ¡sin esfuerzo!

Todavía otra razón para sonreír

Sonríe cuando le estés diciendo algo constructivo a alguien, sobre todo cuando le estés diciendo algo que, si no estuvieras sonriendo, podría interpretarse como un insulto. Si puedes sonreír mientras haces esto, es una de las mejores formas de construir a una persona y, al mismo tiempo, ser constructivo.

Visualízame sonriendo mientras le digo a Ken que no está hablando con suficiente respeto a su socio:

Mira, Ken, cuando hacemos eso, solemos obtener de la otra persona la respuesta exactamente opuesta a la que deseamos.

Esto se percibe de forma muy diferente a si le hubiera mirado con desagrado y le hubiera dicho lo mismo. Practica esto. ¡Funciona de verdad!

Mi padre es absolutamente el mejor del mundo en esto. Afortunadamente, yo he podido adquirir esta habilidad tras mucha práctica.

No estamos hablando de dar señales contradictorias (sonreír mientras estás enojado o algo parecido), sino de usar tu sonrisa simplemente para suavizar una crítica. Sabes que funciona cuando la persona empieza a reflejar inconscientemente tu sonrisa: te devuelve la sonrisa mientras le das lecciones.

¡Eso sí que es ganar!

Conoce tu objetivo y planea tu acercamiento

Milo Frank, en su libro *Comunique su opinión y convenza en menos de 30 segundos* habla de conocer tu objetivo y luego planear tu acercamiento. Cuando tu objetivo, por ejemplo, es recuperar el dinero que te has gastado en un producto defectuoso, o conseguir que te cambien un artículo que has comprado, necesitas un acercamiento eficaz y planificado.

Empiezas diciendo: «Sé que las buenas empresas como la suya respaldan su mercancía».

¿Qué ha sugerido aquí el Sr. Frank? Básicamente, que les estás dando algo de gran valor, como su excelente reputación, con la que tienen que ser consecuentes.

Me gusta mucho esta cita de su libro:

Conoce lo que quieres, conoce a quien te lo puede dar y conoce cómo conseguirlo.

Esto se aplica a lograr tus objetivos en prácticamente cualquier cosa que emprendas.

Hacer negocios por este precio es una póliza de seguros

Durante una negociación, otra forma de advertir a alguien sin amenazarle de verdad (recuerda la amenaza implícita) es lo que yo llamo la «técnica de la póliza de seguros». En una ocasión, mientras negociaba el precio de un automóvil, le dije al vendedor de automóviles lo siguiente (con tacto, por supuesto):

«Sr. Kennedy, si no podemos llegar a un acuerdo con este precio en particular, no puedo justificar que hagamos la compra ahora mismo sin investigar más a fondo.

«No estoy diciendo que no volveré aquí eventualmente. Me gusta trabajar con ustedes, pero tendría que visitar otros concesionarios para ver si puedo conseguir el precio que siento que necesito».

Bien, aquí viene:

«En cierto sentido —continué esbozando una sonrisa—, que me bajes XX dólares ahora mismo es como si compraras una póliza de seguro de que no compraré el automóvil en otra parte. Por supuesto, lo entenderé si no puedes hacerlo».

Al empezar, dije lo que necesitaba decir con una mirada de amabilidad, no con el ceño fruncido. Y le dije que no podía «justificar» hacer la compra ahora, no que no fuera a hacerla. Quería ayudarle a salvar las apariencias y que quisiera ayudarme a conseguir lo que quería.

¿Cuál fue el resultado?

Conseguí mi precio. Y fue un ganar/ganar. El concesionario y el vendedor obtuvieron una buena ganancia, y esa venta dio lugar a que yo recomendara varias veces a ese vendedor. La transacción se gestionó de forma profesional, y ese escenario preparó positivamente mi próxima visita. Él sabe que si no consigo el precio que creo que necesito, no podré justificar la compra ahora.

El juego de cumplidos

En *Cómo tener seguridad y poder en las relaciones con la gente*, Les Giblin nos aconseja adquirir el hábito de dar al menos tres cumplidos sinceros al día. Buena idea.

El Sr. Giblin habla del columnista sindicado Dr. George Crane quien sugiere a las personas que se unan a lo que él llama El Club de los Cumplidos. Para ser miembro, lo único que tiene que hacer una persona es salir deliberadamente y buscar cosas buenas en las otras personas a las que pueda dar un cumplido.

Como capacitación para dominar el arte de la persuasión, puedes convertirlo en un juego y llamarlo El juego del cumplido. ¿Cuántos días seguidos puedes dar al menos cinco cumplidos al día? Es decir, uno o más cumplidos, a cinco personas diferentes, todos los días.

Tu única competencia eres tú mismo, y si ganas el juego, imagina cuánto más eficaces serán tus poderes de persuasión positiva.

Sé el anfitrión, no el invitado

En mi libro *Tu lista ilimitada de referidos*, trato la estrategia de posicionarse como uno de los «grandes hombres/mujeres del campus», también conocida como hacer el papel de anfitrión, *no de invitado*.

Cuando te encuentres en una situación en la que puedas presentar unos a otros, no dudes en hacerlo. La persona que asiste a un evento puede ser demasiado tímida para acercarse y presentarse a personas que no conoce. Esfuérzate por hacerlo por ellos.

Dile a cada persona a qué se dedica el otro y destaca un par de sus intereses.

Una vez, después de recibir una recomendación de alguien a quien solo había visto una vez, le pregunté por qué había pensado en mí. Me contestó que había asistido a una reunión de una asociación a la que pertenezco. Era la primera vez que asistía, y mientras todos los demás prácticamente lo ignoraban, yo le hice sentirse parte de la multitud, presentándolo y asegurándome de que siempre estuviera involucrado en la conversación. Las pequeñas cosas como ésa se notan.

No es por eso por lo que las haces. Pero se notan, y a menudo con resultados magníficos.

La pregunta clave

En *Tu lista ilimitada de referidos* también trato lo que yo llamo la Pregunta Clave que te diferenciará de todos los demás. También te ayudará a persuadir, a largo plazo y a veces también de inmediato, según las circunstancias.

Después de enterarme de a qué se dedica una persona, suelo hacerle un par de lo que yo llamo «preguntas para sentirse bien». Se trata de preguntas muy poco comerciales; no son intrusivas ni invasivas, y simplemente hacen que la persona se sienta bien por habérselas hecho. Pueden incluir la pregunta de cómo empezó en el negocio en el que está y qué es lo que más disfruta de él. A continuación, haré lo que yo llamo la «Pregunta clave», que te diferenciará de los demás:

Joe, ¿cómo puedo saber si alguien con quien estoy hablando sería un buen cliente potencial para ti?

Piensa cuál sería tu respuesta si alguien te hiciera esa pregunta. ¿Qué pensarías? ¿Qué sentirías por esa persona?

Es una pregunta que nunca ofenderá a nadie y siempre será muy apreciada. A la mayoría de las personas nunca les han hecho esa pregunta, y saber que eres una posible fuente de referencias —o que incluso te has preocupado lo suficiente como para preguntarlo— sin duda hará que quieran esforzarse al máximo para complacerte. Por supuesto, si alguna vez puedes hacerlo, asegúrate de enviarles negocios. ¡Qué buena manera de proveerles de valor!

También puedes adaptar la premisa esencial de esa pregunta a cualquier situación concreta en los cuales estés involucrado. Por ejemplo: «Oye, Mary, ¿cómo puedo saber si alguien con quien estoy hablando sería un buen contacto para ti para ayudar a tu hijo a encontrar un trabajo de verano?».

Las posibilidades de que Mary te tenga en alta estima son excelentes y lo más probable es que esté encantada de ayudarte en tu empeño.

Abordando a la persona superior

Hay veces en que debes pasar por encima de una persona (amablemente, por supuesto) y convocar al gerente.

Puedes hacerlo con tacto diciendo: «Comprendo que quieras ayudar y que sea una situación difícil. Desde luego, no quiero meterte en un aprieto ni ponerte en un aprieto de ningún tipo. En realidad, me sentiría más cómodo tratando esto con tu gerente». Asegúrate de preguntar el nombre y el apellido de la gerente antes de convocarla.

Cuando llegue la gerente, es posible que suponga que eres como la mayoría de las personas, dispuesta a discutir sin parar. No te sorprendas si empieza un poco a la defensiva. Tu actitud con la persona que tuvo que ir a buscarla probablemente ayudará, pero asume que volvió y, como la mayoría de las personas, dijo: «Tenemos un cliente con un problema».

Date cuenta de que puedes estar tratando con una persona que espera una discusión. Ten preparada tu sonrisa sincera y cálida para desarmarla. Di: «Hola, Sra. Jackson». (Por favor, usa los apellidos siempre que puedas. Demuestra respeto.) Estrecha su mano con un apretón firme pero no agresivo. Sonríe y mírala a los ojos mientras dices su nombre: «Soy Bob Burg, gracias por recibirme, sé que estás muy ocupada».

¿Qué has hecho? Has desarmado totalmente a esa persona y la has puesto en un estado de ánimo de ganar/ganar. Ahora puedes exponer tus argumentos en igualdad de condiciones, o mejor aún, en un terreno muy inclinado a tu favor.

El suero de verdad de Giblin

En el libro de Les Giblin *Cómo tener seguridad y poder en las relaciones con la gente*, él muestra que la mejor manera de mover a alguien a actuar de una forma en particular es permitirle vivir a la altura de la opinión que tienes de él.

Provee varios ejemplos maravillosos de las personas en las que se confió y que vivieron a la altura de la confianza depositada en ellas.

Una historia cuenta que un oficial de policía lograba consistentemente que algunos maleantes le proveyeran información. ¿Cómo? Le decía: «La gente me dice que tienes fama de ser un tipo duro y que te has metido en muchos líos, pero que hay una cosa que no harás. No mentirás. Dicen que si me dices algo, será la verdad, y ésa es la razón por la que estoy aquí». Vaya, eso sí que es desafiar a alguien a vivir a la altura de algo.

Les cita al famoso estadista británico Sir Winston Churchill: «He descubierto que la mejor manera de conseguir que otro adquiera una virtud es imputársela».

Como te he sugerido, adapta estos métodos a tus propias circunstancias singulares. No solo para ver si funcionan —¡sí que funcionan!—, sino para practicar hasta conseguir que funcionen para ti en diversas situaciones.

La primera vez que leí acerca de esto, me moría de ganas de intentarlo.

Mi primera oportunidad fue con una persona que intentaba conseguirme algo de información. Ya había usado sus servicios antes y siempre hacía un buen trabajo. No fenomenal, pero bueno. Esta vez, sin embargo, ella estaba teniendo problemas, y le dije a la persona que estaba a mi lado (al alcance del oído de esta persona): «No sé si se puede encontrar esta información o no, pero te diré una cosa: si alguien puede encontrarla, es ella».

No te quede ninguna duda de que la encontró, y ahora se desvive por ayudarme cada vez que necesito pedirle ella.

El «sí negativo»

Aprendí lo siguiente del gran orador y capacitador de ventas Tom Hopkins, autor del extraordinario libro *Dominando el arte de vender*. Tom sugiere, cuando intentes concertar una cita para algo a lo que una persona suele resistirse, formular tu pregunta en forma de negativa, de manera que un «no» por respuesta sirva al mismo propósito que un «sí» por respuesta. Esto funciona mejor cuando la persona está acostumbrada a decir y contesta casi automáticamente «no».

¿Confuso? Funciona así:

Un agente inmobiliario que quiere visitar a alguien que planea vender su casa sin ayuda profesional puede preguntarle por teléfono: «Sra. Davis, ¿se sentiría ofendida si pasara a ver su casa?». Cuando ella responde «No», en realidad está diciendo «Sí, venga».

La brillantez de esto reside en cómo se formuló la pregunta en primer lugar. Si hubiera dicho lo típico: «¿Puedo pasar a ver su casa?», entonces la respuesta «no» habría significado realmente no. Pero, en cambio, la pregunta que formuló permitió a la vendedora decir «no» (que probablemente estaba preparada y dispuesta a decir, independientemente de la pregunta) y, aun así, ¡significar que sí!

La técnica del «sí negativo» no funcionará necesariamente siempre, pero inclinará las probabilidades más a tu favor.

Cuando intentes persuadir y hacer que una persona considere algo que necesitas, simplemente pregunta: «¿Te ofenderías si...?» y termina tu petición. Hay muchas posibilidades de que obtengas un «no», ¡lo que por supuesto significa un «sí» ganador!

Plantea lo afirmativo

Supongamos que vas a invitar a alguien a salir a cenar. ¿De cuál de estas tres maneras crees que obtendrías una respuesta más positiva?

«¿No quisieras salir a cenar conmigo?»

«¿Te gustaría salir a cenar conmigo?».

«Si fuéramos a cenar, ¿adónde te gustaría más ir?».

La número tres es la única pregunta que está preparada de manera que la respuesta «sí» ya está plantada dentro de la respuesta.

Si la persona a la que preguntas responde: «Oh, me gustaría ir a la Casa de la Langosta», lo que ha dicho en realidad es: «Sí, me gustaría salir contigo a la Casa de la Langosta».

Obviamente, pretendía ser un ejemplo divertido (aunque un tanto frívolo). Y admito que nunca he invitado personalmente a una mujer a salir de esa manera, ¡pero solo porque no soy tan valiente! Aun así, sería divertido ver qué sucede.

Conseguir que el taxista esté de tu parte

Si vas a salir del hotel por la mañana y tomar un taxi para ir al aeropuerto, esta es una forma de poner al taxista de tu parte, tener un viaje tranquilo y agradable y asegurarte de que te traten correctamente: al salir del hotel, ofrécele al taxista una taza de café.

Los hoteles a menudo proveen café gratis por las mañanas, y no hay problema en que tomes uno para el taxista. Y aun si tienes que pagar por él, sigue siendo una buena inversión. Lo más probable es que seas el único pasajero que ha mostrado ese respeto al conductor, y él lo apreciará de verdad.

Cuando estés tratando de llegar a tu destino en ese tráfico de la hora pico, no es mala idea tenerlo de tu lado.

Y, como sabes, es simplemente algo muy amable que hacer por otro ser humano.

Da cumplidos a quienes no reciben cumplidos

Haz un esfuerzo por elogiar a las personas que sirven a otros, pero que no suelen ser reconocidas, y mucho menos tratadas con respeto. Desde el mesero hasta los asistentes en el aeropuerto(aparte de darles propina), ¿te refieres a ellos como «señor» o «señorita/señora»? No solo es la forma correcta de comportarse con otros, sino que, además, marca una diferencia definitiva en lo mucho que se desvivirán por ti.

Una gran ilustración de esto es el don de gentes del ex mariscal de campo y empresario de gran éxito Fran Tarkenton.

Como mariscal de campo, y de baja estatura a solo 1,70 metros, Fran siempre fue el blanco de los enormes, duros y a menudo despiadados linieros defensivos. Los defensas pueden ser malos con un mariscal de campo. Tienen que serlo. Es su trabajo. Además, saben que no ganan el dinero que ganan la mayoría de los mariscales de campo, y desde luego no disfrutan de las mismas alabanzas y gloria. Esos tipos de cien kilos pueden ser muy duros con los Fran Tarkentons del mundo.

Pero Fran es un experto en el trato con las personas, un gran maestro del arte de la persuasión. Según su antiguo compañero de equipo, Ahmad Rashad, después de una jugada, reconocía a su atacante diciendo algo como: «Un gran día para el fútbol, ¿verdad?» o «Vaya golpe».

Estos jugadores no estaban muy acostumbrados a que los mariscales de campo les hablaran siquiera (al menos no con palabras que no fueran maldiciones), y desde luego no estaban acostumbrados a que los trataran como a seres humanos. Al poco tiempo, ya no eran tan agresivos, mezquinos y desagradables con Fran. Seguían pegándole, por supuesto, pero no lo maltrataban como a otros mariscales de campo.

Les quitó el enojo y probablemente añadió años a su carrera en el Salón de la Fama.

Esa sí que es una situación en la que la capacidad de persuasión resulta realmente útil: ¡cuando tu vida depende de ello!

Saludar de mano

La manera en que saludas de mano es importante. Por lo general, lo mejor es un apretón de manos firme pero no estrujante ni agresivo. Mira a la persona a los ojos y sonríe con una sonrisa genuina que expresa «feliz de conocerte».

Papá nos enseñó a darnos la mano y a presentarnos cuando aún éramos prácticamente bebés, y es una habilidad por la que me han felicitado a menudo a lo largo de mi vida.

Otra forma excelente de saludar de mano que he aprendido al observar a las personas exitosas es usar un doble apretón de manos, con tus dos manos emparejadas con las suyas, y hacer una ligera inclinación de cabeza. Eso le dice a la persona que tiene que ser muy especial.

Sin duda, otra vez se gana.

Actitud

Cuando estés a punto de solicitar la ayuda de alguien, da por sentado que esa persona será realmente servicial y no obstructiva.

Esto es lo asombroso de cómo funciona: la actitud que esperas que tome se reflejará en tu actitud hacia él, y por lo general responderá del mismo modo, precisamente de acuerdo con tu actitud.

Es todavía otro ejemplo de obtener lo que esperas.

Vuélvete a presentar

Hacer que otros se sientan cómodos contigo es un paso seguro hacia el éxito a corto y largo plazo. Una forma estupenda de hacerlo es volver a presentarte a las personas que ya has conocido, aunque creas que ya deberían conocer tu nombre.

Todos nos olvidamos a veces de los nombres, y uno de los sentimientos más incómodos del mundo es que se te acerque alguien cuyo nombre deberías conocer, pero no lo sabes. Es aún peor si estás con una o dos personas a las que se espera que presentes a esa persona.

¿Alguna vez se te ha acercado alguien cuyo nombre no recordabas? ¿Te has acercado alguna vez a alguien que debería saber tu nombre, pero estás seguro (o al menos sospechas) que no lo sabe?

Esta es la forma más eficaz que conozco de abordar esta situación, y ganarás muchos puntos con esa persona cuando la uses: simplemente vuelve a presentarte. Así de fácil.

«Hola, Nancy, Bob Burg». O incluso: «Hola, Nancy, Bob Burg, nos conocimos en la recaudación de fondos para el rescate de mascotas hace dos semanas».

Lo que he hecho es dar una salida a Nancy. La he permitido —y a su ego— salvar las apariencias. Ahora no tiene que sentirse incómoda conmigo o consigo misma. Y suele responder diciendo: «Claro, Bob, me acuerdo de ti».

Ahora sé que ella no se acordaba de mi nombre. Y ella sabe que no se acordaba de mi nombre. Puede que incluso sepa que yo sé que ella no se acordaba de mi nombre. Eso no importa. Esa reintroducción ha restablecido definitivamente sus sentimientos de que te conoce, le caes bien y confía en ti, y eso te ayudará mucho a dominar el arte de la persuasión.

F-O-R-M-(A)

Una gran idea, que me dio a conocer hace años el súper empresario Dexter Yager, es el método F-O-R-M-(A) de hacer preguntas. Este acrónimo ayuda a enfocar tu atención en lo que puede ser importante para la otra persona:

«F» representa (su) familia

«O» representa (su) Ocupación

«R» representa (sus) varias clases de Recreación

«M» representa (su) Mensaje, en otras palabras, lo que es importante para ellos.

He aquí un consejo adicional: si quieres saber más pero han dejado de hablar, simplemente di: «¿De verdad? Cuéntame algo más...». ¿Cuándo fue la última vez que tuviste una conversación con alguien que sentía una curiosidad tan genuina por ti que quería saber más?

Cuando te enfocas en la otra persona durante una conversación y le preguntas acerca de lo que es importante para ella, siempre estás en buena FORMA.

Comprensión

Has visto a lo largo de este libro cómo a las personas les gusta sentirse escuchadas y comprendidas. Independientemente de la situación, las personas se esforzarán más en tu favor cuando sientan que comprendes sus desafíos personales.

Esfuérzate no solo por comprender a esa persona, sino por hacerlo de manera que esa persona sepa que la comprendes. Eso puede marcar la diferencia en tus esfuerzos por persuadir en beneficio de todos.

Solicita su opinión

Cuando intentes persuadir a las personas para que vean tu punto de vista y tomen la acción que quieres que tomen, verás que cuanto más les pidas su opinión y consejo, más se pondrán de tu parte.

Uno de los mejores ejemplos de esto que he visto fue hace años, cuando estaba en la universidad, durante un discurso del senador Ted Kennedy.

Ante un público de naturaleza un tanto desafiante, el senador tomó una encuesta informal sobre un tema muy controvertido en aquel momento. De hecho, pidió a los miembros del público que tenían cierta opinión sobre el tema que levantaran la mano. Hizo que el público sintiera que pedía nuestra opinión y que realmente le importaba.

¿Has oído alguna vez el dicho, pronunciado por primera vez por el fallecido y gran Cavett Robert: «A las personas no les importa cuánto sabes, hasta que sepan cuánto te importa»? El senador hizo exactamente eso con todo el público.

Yo he usado este acercamiento para pedir consejo a posibles clientes (independientemente de que sintiera o no que realmente necesitaba el consejo en cuestión) y a otros a lo largo de los años, y definitivamente me ha servido como una herramienta de persuasión muy eficaz.

Y he aquí una forma de aumentar aún más su poder: después de obtener los resultados deseados, haz que esa persona sienta que las ideas fueron suyas y que contribuyeron en gran medida a tu éxito.

A propósito, aunque he mencionado que no necesariamente siento que necesito el consejo que les pido, eso no significa que no pueda aprender algo valioso en el proceso. De hecho, casi seguro que lo haré. Cuanto más preguntes, de hecho, más aprenderás, y hay muchas posibilidades de que genuinamente acaben contribuyendo a tu éxito.

Les Giblin sugiere pedir consejo a alguien específicamente, en lugar de pedir un favor. Es una idea excelente. Por ejemplo, digamos que quieres conseguirle a tu hijo un trabajo de verano en la empresa Jones, y un vecino tuyo, al que conoces de nombre pero no mucho más, es un alto directivo de la empresa y probablemente pueda ayudarte.

Probablemente pienses (correctamente) que sería demasiado presuntuoso por tu parte acercarte sin más y pedirle a tu vecino que le consiga un trabajo a tu chico. Así que, en vez de eso, le pides consejo. «Don, si no te importa que te pregunte, si tú fueras yo e intentaras que tu hijo consiguiera un trabajo de verano en la empresa Jones, ¿cuál crees que sería la forma más eficaz de hacerlo?»

Puede que Don, al que ahora le pides consejo (y no un favor), te diga simplemente que envíes a tu hijo a su despacho el lunes, y él verá lo que puede hacer. O quizá te dé el nombre y el número del gerente de personal de la empresa Jones y te diga que lo uses como referencia. Al menos, es casi seguro que te orientará en la dirección correcta.

Solo recuerda formular tu petición de forma similar a «Phyllis, si tú fueras yo e intentaras [hacer lo que sea que quieres hacer], ¿cómo lo harías?». O: «Joe, me gustaría que me dieras tu opinión sobre algo. ¿Qué harías si [él estuviera en tu situación]?»

Es otra forma fácil pero poderosa de ganar en gran manera.

CAPÍTULO

10

Más allá de los negocios

No avergüences a alguien «atrapándolos»

¿Alguna vez sirve de algo avergonzar a alguien, ya sea en público o en privado? No, no creo que sirva de nada en ningún momento, sobre todo si planeas ganarte a esa persona y tenerla de tu parte. Avergonzar a una persona «atrapándola» en algo es una forma segura de dispararte en el pie, o algo peor.

En una ocasión yo estaba en una conversación con un grupo de varias personas en una reunión social y, cuando me hicieron una pregunta, respondí repitiendo una frase muy graciosa que había oído en un programa de televisión reciente. Todos se rieron, y admito que acepté la risa sin explicar que en realidad había tomado prestado ese chiste, y no era algo que se me ocurriera de improviso a través de mi propia brillantez.

Una de las personas del grupo había visto el mismo programa y me llamó la atención en ese mismo momento, delante de todos. Fue vergonzoso, y aunque me equivoqué al no haber dado crédito yo misma al programa, desde luego no me hizo mucha gracia esa persona.

¿Qué ganó esa persona avergonzándome? Nada, salvo quizá un breve y fugaz momento de satisfacción. ¿Recuerdas el ego?

Por otro lado, cuando yo estaba en la universidad, tuvimos un conferenciante invitado llamado Bill Lee. Bill, antiguo lanzador estrella de los Red Sox de Boston, era conocido como «Spaceman» (hombre del espacio) por su peculiar personalidad. Antes del discurso, unos treinta de nosotros celebramos una fiesta privada de bienvenida a Bill.

Durante la fiesta, dije algo que pretendía ser gracioso, pero no salió bien. La sala se quedó en silencio. Fue más que un silencio: fue uno de esos silencios verdaderamente vergonzosos.

Y luego sin perder un segundo, Bill intervino de inmediato y siguió mi broma tonta con una historia, quitándome totalmente la presión de encima y disolviendo de inmediato ese sentimiento vergonzoso.

Desde aquel día, soy un gran admirador de Bill Lee.

Qué no hacer a fin de persuadir eficazmente

En algunos de mis compromisos como conferenciante, mis clientes me asignan un anfitrión para asegurarse de que yo llegue a donde necesito estar y para que se ocupen de mí durante mi estancia. Un cliente en particular me proporciona esta cortesía con bastante frecuencia, por lo que estoy muy agradecido, y los anfitriones son siempre personas agradables que se desviven por asegurarse de que todo va bien, desde el alojamiento hasta el transporte.

Después de una presentación que se prolongó hasta bien entrada la noche, mi anfitrión y yo fuimos al restaurante del hotel para ver si podíamos conseguir un par de emparedados. El restaurante acababa de cerrar. Por lo general, me siento demasiado acelerado para comer antes de un programa, pero después suelo tener mucha hambre. Seguro que me habría venido bien un emparedado en ese mismo momento.

Para cuando llegamos, la única persona que había en el comedor era el gerente. Todos los demás se habían ido o estaban limpiando la cocina. El gerente estaba al otro lado de la sala, y mi anfitrión —un tipo muy simpático— consiguió llamar la atención del gerente gritándole: «¡Oye!».

Uy. Inmediatamente me sentí avergonzado, y era evidente que el gerente no se sentía más complacido que yo. Cuando se dio la vuelta, pude ver en su cara una expresión muy molesta que parecía decir: «No puedo creer que tenga que aguantar a gente como esta». En realidad no lo dijo, pero la expresión de su cara sí. Respondió diciendo sarcásticamente:

«¡Oiga! ¿En qué puedo ayudarle?».

Gracioso. Cuando mi anfitrión preguntó si podíamos conseguir un par de emparedados, la respuesta fue que ya estaban cerrados. ¡Sorpresa, sorpresa!

Al final conseguí que nos prepararan los emparedados, pero me costó trabajo. Primero tuve que deshacer el daño causado por mi bienintencionado anfitrión, y luego ganarme al gerente. Finalmente me dijo que si aún no habían guardado los ingredientes, se encargaría de que los tuviéramos.

Al final sí conseguimos comernos los emparedados. Pero el desafío era innecesario, cuando un simple saludo respetuoso habría bastado para ganar fácilmente.

Hasta los niños pueden ganar sin intimidación

Mi hermana Robyn me contó esta historia acerca de mi sobrina, Samantha, que entonces tenía ocho años. Me sentí muy orgulloso de cómo manejó la situación.

Samantha había invitado a una de sus amiguitas a jugar en casa. Se estaban llevando bien, cuando la amiga empezó a ponerse de mal humor, como les ocurre a los niños de ocho años. Habían estado de acuerdo en salir a jugar, cuando de repente la amiguita gritó: «¡No voy a salir a jugar contigo!».

Sami mantuvo la compostura —respondió, no reaccionó— y dijo muy amablemente: «Bien, yo voy a salir de todos modos», y empezó a marcharse. Tomó un par de pasos más y, justo al llegar a la puerta, se detuvo, se dio la vuelta y dijo: «Pero no será tan divertido sin ti».

Según Robyn, a la amiguita se le iluminaron los ojos y decidió acompañar a Samantha afuera después de todo. Robyn dijo que pensaba que yo estaría orgulloso de Sami por ello. Y tenía razón. En realidad, siempre estoy orgulloso de Samantha y de mi sobrino Mark, pero me sentí especialmente orgulloso de la manera en que demostró con tanta gracia el arte de la persuasión.

El desafío positivo

Dale a una persona un desafío enmarcado de una manera positiva, y a menudo se desvivirá por ti para superar ese desafío.

Mi buen amigo Monte Johnson y su esposa Cindy necesitaban unas invitaciones rápidas para una despedida de solteros. No estaban teniendo ningún éxito con la imprenta local. Cindy les suplicaba: «Realmente necesitamos conseguirlas hoy. Estamos en una situación de emergencia». ¿La respuesta que obtuvo? «Lo siento, es imposible que podamos hacerlo». (Qué original, ¿verdad?)

Si observas la situación con detenimiento, verás que cuando Cindy dijo: «Necesitamos conseguirlos hoy», estaba orientada hacia el yo. Ahora bien, podrías pensar que eso debería estar bien en este caso; después de todo, ella es la clienta que paga. Pero, como descubrimos de nuevo cada día, la gente no hace las cosas lógicamente, sino emocionalmente.

También formuló la pregunta de forma que no fijaba un marco para que el impresor proveyera una solución.

Pero mira cómo lo hizo su marido.

Monte, que emplea intuitivamente muchos de los métodos que hemos estado tratando en este libro, me contó que se puso al teléfono con la siguiente imprenta y simplemente preguntó: «¿Cuál es la mayor rapidez con la que han sacado invitaciones?». La respuesta fue: «Oh, probablemente podamos sacarlas hoy mismo» ¿No es asombroso? Lo es, pero no sorprende a quienes hacemos esto todos los días. Esta es sencillamente la forma de conseguir que las personas trabajen contigo en lugar de contra ti.

¿Cuál era la diferencia de enfoque en la forma en que Monte hizo su petición? Estaba orientado hacia ti. «¿Qué es lo más rápido que han impreso invitaciones?». Y lo que es igual de importante, la forma en que formuló la pregunta proporcionó un marco para que la respuesta fuera positiva.

Monte, quien se dedica a la producción de vídeo y graba grandes convenciones, a menudo se encuentra en una ciudad nueva y necesita conseguir un artículo a toda prisa, como una pancarta. Llama a una empresa que provee pancartas y pregunta: «Si hay alguna forma de que me ayuden, esto acaba de caer en mis manos y agradecería mucho su ayuda. De hecho, si hay que pagar algo extra, está bien».

Monte me dice (y yo lo creo, porque hago esto mismo todo el tiempo) que su tasa de éxito es de casi el 100%, y que casi nunca tiene que pagar nada extra.

Dar antes que recibir

Al persuadir a largo plazo, descubrirás que cuanto más estés dispuesto a dar a otros —sin apego a los resultados—, más recibirás a cambio. Un gran ejemplo de ello es mi amigo y cliente, Ron Hale, de Tennessee. Ron es un hombre de negocios de gran éxito que practicaba el arte de dar sin apego a las recompensas instantáneas cuando aún estaba en las fuerzas armadas.

Como reclutador de las Fuerzas Aéreas, el trabajo de Ron consistía en convencer a los jóvenes de por qué debían alistarse en el servicio militar y servir a su país, a la vez que creaban un buen fundamento para sus vidas. Sin embargo, antes de poder convencerles de cualquier cosa, primero tenía que ponerse delante de ellos, y eso podía ser una tarea difícil. Para complicar aún más las cosas, se encontraba en una ciudad llena de gente de la Marina.

Ron sabía que una de las claves de su éxito era desarrollar centros de influencia que pudieran servir como buenas fuentes de referidos, personas que podrían, de hecho enviarle buenos candidatos. Pero, ¿cómo podía entablar relaciones con estas personas influyentes sin convertirse en una molestia para ellos, causándoles sentimientos negativos?

En este caso, Ron usó a la perfección su inclinación natural a dar gratuitamente, simplemente por añadir valor a otros. Aun así, el resultado sería innumerables referencias y oportunidades de publicidad gratuita de algunos de los centros de influencia más importantes de la ciudad.

Durante su itinerario semanal, Ron visitaba lugares como escuelas, emisoras de radio, canales de televisión y el periódico local. Cuando pasaba de visita, nunca mencionaba nada acerca de reclutamiento o recomendaciones. Se limitaba a entablar una conversación amistosa y luego buscaba la forma de ayudarles.

Por ejemplo, llevaba a la persona de la emisora de radio los discos más recientes de la banda de las Fuerzas Aéreas para que los tocaran cuando quisieran. A los administradores y profesores de las escuelas, les llevaba fundas de libros de las Fuerzas Aéreas que ayudarían a prolongar la vida de los libros.

Había un joven ministro con una cadena de televisión muy pequeña que a menudo se quedaba con mucho tiempo de aire muerto. ¿Qué le aportaría Ron? Películas de las Fuerzas Aéreas con secuencias entretenidas que podían llenar mucho tiempo. De vez en cuando, el joven y prometedor ministro ponía anuncios de las Fuerzas Aéreas en directo.

En todo ese tiempo, Ron nunca solicitó ni un solo referido. Pero ¿a quién crees que ellos enviaban a todos los jóvenes que creían que debían informarse sobre las fuerzas armadas? Ron estaba formando un enorme negocio de referidos simplemente por cultivar relaciones dadoras con estas importantes personas influyentes locales.

Una temporada navideña, el director del periódico local de esta ciudad principalmente naval decidió pedir a un representante de las fuerzas armadas un reportaje sobre el personal militar en Navidad. En lugar de pedírselo a alguien de la Marina, se lo pidió a Ron. Poco después, Ron y su familia fueron el enfoque de un reportaje en ese mismo periódico. Según Ron, ese reportaje valió su peso en oro en publicidad gratuita.

¿Recuerdas al joven ministro de televisión al que Ron ayudó trayendo películas acerca de las Fuerzas Aéreas para contribuir al tiempo muerto en el aire? Al hacerse más popular, se acordó de Ron y le dio más y más publicidad gratuita. Probablemente estarías de acuerdo en que llegó a ser bastante importante. Se llama Pat Robertson.

He tenido el placer de conocer a Ron y a su encantadora esposa Toby. Ambos encarnan el espíritu de dar, y al dar consistentemente sin apego a los resultados inmediatos, han levantado una enorme organización de mercadeo en red que abarca literalmente todo el mundo.

Da, da y da un poco más, y al final te encontrarás recibiendo más de lo que nunca creíste posible.

Decir «no» a solicitudes de donaciones por teléfono con clase y amabilidad

Nos pasa a todos. En medio de estar cenando o mientras nos relajamos con la familia, suena el teléfono y al otro lado hay una persona amable que lee un guion y nos pide que hagamos un donativo económico a la causa benéfica que representa y que merece la pena.

Esto, en sí mismo, está bien (siempre que se trate de una organización benéfica legítima, por supuesto). Si quieres hacer un donativo a esa causa en particular, fantástico. Sé que a muchos de nosotros nos gusta donar a causas en las que creemos.

Sin embargo, admitámoslo, es difícil donar una cantidad significativa de dinero a todas las organizaciones benéficas del mundo. Y no sé tú, pero a mí me parece que me llaman de casi todas ellas.

¿Cómo dices «no» amablemente, sin ser descortés ni colgar el teléfono, desanimando a otro ser humano a hacer su trabajo? He aquí cómo lo hago yo, y se ha comprobado que es muy eficaz.

Le respondo diciendo: «Agradezco su llamada. Sin embargo, hay varias organizaciones benéficas a las que hago donaciones y, aunque me contactan muchas causas que merecen mucho la pena, como la suya, he tomado la decisión de quedarme con las que he elegido.» Luego añado: «Pero agradezco su llamada y le deseo el mayor de los éxitos en su trabajo. Muchas gracias por su tiempo».

Contesta así, y nueve de cada diez veces te agradecerán tu tiempo y después colgarán enseguida. O, si lo intentan una vez más, por ejemplo: «Bueno, señor, un pequeño donativo sería de gran ayuda...». Les permito que terminen la frase y luego les digo: «Aprecio lo que ofrece, pero, de nuevo, es la decisión que he tomado. No obstante, le deseo el mayor de los éxitos. Que pase una buena noche».

Con eso bastará. No tienes por qué decir que no quieres, que no puedes costearlo o cualquier otra cosa. En realidad, eso no es asunto de nadie. La respuesta que acabo de dar es amable, alentadora y más que satisfactoria, porque cuando ambos no pueden ganar, asegurarse de que nadie pierda es una gran segunda opción.

Muchas veces, los solicitantes telefónicos me han dado las gracias por mi amabilidad y mi aliento, en lugar de la descortesía que suelen mostrarles las personas. Es un bonito sentimiento saber que estás marcando una diferencia positiva en la vida de alguien.

Establecer un ejemplo que la gente seguirá

Mi buen amigo Vic Landtroop me contó un par de historias acerca de cómo hacer lo correcto —en lugar de lo habitual— puede ser una influencia positiva que otros duplicarán. Ambos ejemplos ocurrieron en un partido de fútbol universitario entre dos grandes rivales, la Universidad de Florida y la Universidad de Tennessee.

Vic y su socio de negocios Bubba Pratt, dos de los hijos pequeños de Bubba y otro amigo viajaron desde Florida hasta Tennessee en el lujoso autobús de Bubba para ver el partido. La asistencia iba a batir récords y el estacionamiento estaba lleno hasta los topes, con seguidores de ambas universidades celebrando una gran fiesta antes del partido temprano por la tarde.

Como dice Vic, a menudo en ese tipo de situaciones hay muchas faltas de respeto entre los seguidores de los equipos rivales. De hecho, tres voluntarios de los aficionados del equipo de Tennessee que estaban bebiendo cerveza frente a su asador y que ya estaban alborotados, echaron una mirada e hicieron un comentario un tanto sarcástico acerca de los Gators de Florida.

Vic y Bubba decidieron responder de la mejor manera posible. Los dos fueron elogiosos con el otro equipo. «Respetamos mucho a los muchachos de su equipo», dijeron a los fans de Tennessee. «Nos parecen gente estupenda». Se acercaron a la situación de la forma correcta, no por debilidad, sino por fuerza. (Por cierto, Bubba es un antiguo defensa de los Gator y artista marcial, y Vic es un antiguo luchador profesional).

Recuerda el dicho de Simeón ben Zoma: «La persona poderosa es la que puede controlar sus emociones y hacer de un enemigo un amigo». Eso es justo lo que hicieron Vic y Bubba. De hecho, invitaron a los tres chicos a recorrer el autobús personalizado de Bubba e incluso les ofrecieron algo de la comida que habían preparado. Trataron a sus invitados con clase.

Vic dice: «Fue fantástico; a pesar de las 'latas de valentía' que habían estado bebiendo, no paraban de decirnos lo súper que éramos».

Después del partido (que ganó Florida), los tres aficionados voluntarios buscaron a Vic y Bubba y les felicitaron por la victoria de los Gators con comentarios como: «Ha ganado el mejor equipo. Ojalá lleguen hasta el final».

Qué gran esfuerzo por dar un ejemplo positivo que otros puedan seguir, tratando a las personas con respeto en lugar de caer en la habitual trampa reactiva del insulto y la rivalidad. Creo que la actitud de Vic y Bubba sentó realmente las bases para influir en el comportamiento de esos otros aficionados.

Vic me contó otra historia que muestra el mismo tipo de impacto positivo que puedes tener cuando eliges dirigir en una dirección positiva.

Cuando los aficionados se dirigían al estadio, tuvieron que bajar una pendiente muy pronunciada en el camino. Bubba, que es todo un caballero, notó en primer lugar que los hombres no estaban ayudando a las mujeres, algunas de las cuales tenían problemas para mantenerse en pie en la empinada cuesta. Según Vic, «Era como si cada hombre —y cada mujer— tuviera que valerse por sí mismo». En cuanto Bubba empezó a ayudar a la gente, prácticamente todos los demás, hombres y mujeres por igual, empezaron a echar una mano.

¿No es maravilloso saber que todos podemos marcar una verdadera diferencia con solo tender un poco la mano? La gente seguirá a otros que den un ejemplo positivo.

Vic dice que todos necesitamos leer *Cómo ganar amigos e influir sobre las personas* y otros libros sobre el crecimiento personal. «Yo nunca estuve enterado de estas herramientas mientras crecía», me dijo. «Me alegra estar criando a mis hijos y saber que puedo exponerles a estos recursos mientras aún son jóvenes».

Crecimiento personal para las generaciones venideras. ¡Qué gran concepto!

La importancia del humor en ganar sin intimidación

Quizá no haga falta decirlo, pero el humor —el humor amable, no el humor sarcástico— a menudo puede ayudar mucho a conseguir lo que quieres a través de una persuasión eficaz.

Me siento muy cómodo con el humor autocrítico. En una situación tensa, a menudo me convierto en el objeto del humor. «No puedo creer que haya perdido este boleto. Literalmente perdería la cabeza si no la tuviera pegada al cuello». Eso pone a la otra persona un poco más cerca de mi lado del desafío.

Si no te sientes cómodo riéndote de ti mismo (yo sí, porque hay mucho de lo cual reírse), ríete de la situación en sí, aunque, por supuesto, solo si resulta apropiado y ayuda a tu causa.

Si no eres una persona graciosa o con sentido del humor por naturaleza, no sientas que necesitas forzar el humor, porque si lo haces, típicamente tendrá el efecto contrario. Sin embargo, si puedes restar seriedad a la situación o quitarle importancia, definitivamente te ayudará en tu intento de persuadir a la otra persona de que se ponga de tu parte.

Trata a tus proveedores de la misma manera como tratas a tus clientes

Para asegurarte una magnífica relación con tus proveedores, en la cual recibes un trato especial y preferente, y sobre todo en las situaciones en que es muy necesario, asegúrate de forjar un fundamento fuerte.

¿Cómo? Tratándolos con todo el respeto que la mayoría de las personas reservan normalmente solo a sus clientes de paga. Hazte las siguientes preguntas:

¿Pagas a tus proveedores a tiempo?

¿Hablas con ellos en lugar de dirigirte a ellos?

¿Hablas con ellos de los desafíos en lugar de exigir y gritar?

¿Los recomiendas a otros, siempre y cuando sea apropiado?

Si has respondido «sí» a esas preguntas, estás en camino de ganarte ese lugar especial en sus corazones que suscitará esfuerzos consistentes en tu favor, especialmente en esas pequeñas emergencias en las que la persona promedio puede no obtener esa misma satisfacción.

Ésa es la esencia de la persuasión positiva.

Manteniendo la calma detrás del volante

Puede que no reconozcas inmediatamente el nombre de mi buen amigo Ralph Lagergren, pero puede que hayas leído sobre él en la revista People, o en el libro basado en la historia de éxito de Ralph y su primo, Mark Underwood.

Mark inventó, y Ralph vendió y mercadeó, una segadora de grano más eficiente que podía superar a las máquinas estándar vendidas por las empresas de implementos agrícolas más grandes y establecidas. El libro sobre su aventura, *Dream Reaper*, escrito por Craig Canine, es una gran lectura. Es realmente una historia de éxito estadounidense que implica a nuestro maravilloso sistema de libre empresa y el bien que puede resultar cuando se combina un gran sueño con el ingenio y el trabajo duro.

Ralph es una de esas personas que te caen bien de inmediato, y un hombre que también cree en las ventajas de ganar sin intimidación.

Más allá de los negocios

Un día, mientras Ralph manejaba con sus dos hijos, se detuvo en un semáforo en rojo. Detrás de él había un hombre que manejaba un Volkswagen, y a través del retrovisor Ralph se dio cuenta de que el tipo estaba enojado con él. Aunque Ralph no sabía qué había hecho para provocar esos sentimientos de enojo —quizá se había parado demasiado pronto o demasiado bruscamente—, pudo ver que el hombre gesticulaba y pronunciaba palabras que no parecían rosas, ya me entiendes.

Ralph es un gran vaquero de Kansas y no es el tipo de persona con la que quieras buscar pelea. Pero también llevaba a dos niños pequeños en el automóvil y, además, Ralph prefería manejar situaciones como esta de la manera correcta.

Cuando el semáforo se puso en verde, Ralph empezó a manejar y enseguida vio que el Volkswagen se le acercaba. Ralph advirtió a los chicos que aquel hombre quizás les haría un gesto poco amistoso y que los tres responderían con una sonrisa amable y un saludo con la mano. Eso fue exactamente lo que ocurrió y, según Ralph, la cara del hombre del Volkswagen pasó de enojada a algo confusa.

En el siguiente semáforo, el semáforo se puso en rojo y los dos automóviles se detuvieron uno junto al otro. Cuando el hombre echó una mirada, un poco avergonzado, Ralph volvió a sonreírle con aquella gran sonrisa de vaquero. El hombre, sobresaltado de nuevo, preguntó si se conocían. Ralph respondió: «No, no nos conocemos, pero la vida es demasiado corta para permitir que cosas como los malentendidos de tráfico me impidan disfrutar».

Dos meses después, Ralph estaba parado en otro semáforo en rojo, manejando un automóvil diferente. De repente, aquel mismo Volkswagen se detuvo a su lado y el hombre del automóvil, recordando su cara, saludó y sonrió a su nuevo amigo.

Qué ejemplo tan excelente dio Ralph a sus hijos sobre cómo, con un poco de consideración y esfuerzo, una persona puede hacer del mundo un lugar mejor tanto para otros como para uno mismo. Ralph fue el hombre más poderoso por ello, ¿verdad? Porque controló sus emociones e hizo de un enemigo un amigo. Ése es el arte de la persuasión en su máxima expresión.

El arte de la persuasión para ir detrás del escenario

He aquí otra historia de Ralph Lagergren:

La esposa de Ralph, Dawn, es una gran admiradora del cantante y músico country George Strait. Cuando el gran artista se presentó en la ciudad de Ralph, este pensó en una gran sorpresa que podría darle a su esposa: la oportunidad de conocer al Sr. Strait detrás del escenario antes de su concierto. Aparte de que a muchas personas les gustaría poder ir detrás del escenario para conocer personalmente al artista, Ralph sabía que otro gran desafío es que esta superestrella de la canción tiene por norma recibir solo a dos invitados entre bastidores por concierto.

Ralph, un maestro en el tipo de persuasión que estamos tratando en este libro, envió una carta a la emisora de radio patrocinadora en la que expresaba que a través de lo bueno y de lo malo, de los buenos tiempos y especialmente de los tiempos difíciles, Dawn había estado a su lado. Sería un regalo muy especial para ella si pudiera tener la oportunidad de conocer al Sr. Strait.

Y añadió: «No estoy preocupado por conocerle yo mismo, ya que sé que solo ve a dos personas por programa, pero sería estupendo si pudiera conseguir esto para Dawn».

El gerente de la emisora llamó a Ralph, diciéndole que había recibido la carta y que le parecía muy interesante y ciertamente conmovedora. Ralph respondió —y estas palabras son clave—: «*Quiero darle las gracias por siquiera considerar esto*. Sé que es difícil para usted y que debe haber miles de peticiones como la mía. Esto simplemente sería muy especial para ella».

Puedes adivinar los resultados, ¿verdad? Esas palabras, «Quiero darle las gracias por siquiera considerar esto», funcionan como magia.

Estás siendo humilde y respetuoso.

¿Funcionará siempre? No, no siempre. A veces la situación no lo permite. Sin embargo, si hay alguna posibilidad, esas palabras normalmente te lo conseguirán.

Durante el concierto, el anunciador llamó por parlante a la Sra. Dawn Lagergren, pidiéndole que pasara detrás del escenario. ¡Qué increíble sorpresa y regalo pudo hacerle Ralph a su mejor amiga y amada esposa, porque su marido dominaba el arte de la persuasión!

Sueño sobre el arte de la persuasión

Soy de los que se meten de lleno en su trabajo. Mientras escribía este libro, el tema consumía mi mente, literalmente de día y noche. De hecho, llegué al punto de despertarme por la noche para anotar las ideas que se me ocurrían mientras dormía, e incluso tuve sueños en forma de historias acerca de este libro.

Uno de esos sueños me hizo reír de verdad. Era extraño, pero sacaba a relucir un tema interesante que quiero compartir con ustedes.

En este sueño, había un casco con poderes extraños. Cualquiera que se ponía este casco sabía automáticamente cuál era la respuesta perfecta a una situación difícil y tenía la mentalidad adecuada para llevarla a cabo. Cuando te quitabas el casco, eso ya no era el caso, pero cuando te lo volvías a poner, volvías a tener los beneficios de ese superpoder.

Cuando alguien tenía un desafío con otra persona, pedía el casco, se lo ponía y manejaba cada situación de maravilla.

¿Un sueño raro? Claro. Un tipo raro, un sueño raro. De hecho, recuerdo haberme reído durante el sueño, justo cuando estaba sucediendo, porque incluso entonces pensaba en lo divertido que era.

Pero creo que tenía un buen argumento:

Si, cada vez que surge un desafío con alguien, decidimos responder poniéndonos ese casco antes de reaccionar negativamente, siempre estaremos en una posición de fuerza y sabremos exactamente qué decir y cómo decirlo.

Puede que el sueño haya sido un sueño, pero creo que el casco es real. Todo lo que es dominar el arte de la persuasión.

El lenguaje de la fuerza

Quiero terminar reiterando una forma de manejarte y de tratar a esas personas difíciles que mencioné al principio de este libro.

Este puede ser el concepto que marque la mayor diferencia en tu capacidad para persuadir a los demás a tu manera de pensar y obtener los resultados que deseas. Se conoce con diferentes nombres: diplomacia, delicadeza, sensibilidad, saber hacer y tacto .

El tacto es el lenguaje inspirado de la fuerza. Aprender qué decir y cómo decirlo te proporcionará resultados que parecerán mágicos.

En cada situación en la que te encuentres, y cada vez que debas llamar la atención de alguien sobre una determinada forma de actuar, ten presente el tacto. El tacto será la clave de cómo esas personas te reciban a ti y a lo que tengas que decir, y de si esa persona tomará o no finalmente la acción que beneficiará a todos los implicados.

Cuando domines el arte del tacto, te encontrarás constante y consistentemente en la posición de ganar sin intimidación.

Piénsalo por un momento: ¿cuántos de nosotros se necesitarán, para responder en lugar de reaccionar a los desafíos de nuestro trabajo y nuestras vidas y dominar el arte de la persuasión, para cambiar el mundo para mejor para siempre?

Acerca del autor

Bob Burg, anteriormente una personalidad de la televisión y un vendedor de gran éxito, habla a corporaciones y organizaciones de todo el mundo sobre los temas centrales de *El arte de la persuasión*. Bob se ha dirigido a públicos de entre sesenta y dieciséis mil personas, y ha compartido la plataforma con algunos de los principales líderes empresariales actuales, personalidades de la televisión, entrenadores, atletas y líderes políticos, incluyendo un ex presidente de los Estados Unidos. Bob también es coautor del bestseller del *Wall Street Journal, Dar para Recibir, Go-Givers Sell More* y *It's Not About You*. Su clásico *Tu lista de referidos ilimitados* ha vendido más de doscientos mil ejemplares y todavía se usa como manual de capacitación en muchas corporaciones.